Amuletos e Talismãs para Iniciantes

Como Escolher, Criar e Usar Objetos Mágicos

Richard Webster

Amuletos e Talismãs para Iniciantes

Como Escolher, Criar e Usar Objetos Mágicos

Tradução:
Bianca Rocha

MADRAS®

Publicado originalmente sob o título *Amulets & Talismans for Beginners: How to Choose, Make & Use Magical Objects* por Llewellyn Publications Woodbury, MN 55125 USA, www.llewellyn.com.

Ilustração na página 47: Departamento de Artes da Llewellyn.
Direitos de Edição e tradução para todos os países de língua portuguesa.
Tradução autorizada do inglês.

Editor:
Wagner Veneziani Costa (*in memoriam*)

Produção e Capa:
Equipe Técnica Madras

Tradução:
Bianca Rocha

Revisão da Tradução:
Jefferson Rosado

Revisão:
Ana Paula Luccisano

Dados Internacionais de Catalogação na Publicação (CIP)
(Câmara Brasileira do Livro, SP, Brasil)

Webster, Richard
Amuletos e talismãs para iniciantes : como
escolher, criar e usar objetos mágicos / Richard
Webster ; tradução Bianca Rocha. -- São Paulo : Madras Editora, 2024.
Título original: Amulets & talismans for beginners

ISBN 978-65-5620-084-2

1. Esoterismo 2. Espiritualidade 3. Magia
4. Ocultismo I. Título.

24-211929 CDD-133.4

Índices para catálogo sistemático:
1. Magia : Ocultismo 133.4
Eliane de Freitas Leite - Bibliotecária - CRB 8/8415

MADRAS EDITORA LTDA.
Rua Paulo Gonçalves, 88 — Santana
CEP: 02403-020 — São Paulo/SP
Tel.: (11) 2281-5555 - (11) 98128-7754
www.madras.com.br

Índice

Para o nosso neto
Blake Jamie Martin

Introdução

Durante minha infância, minha família passava todos as férias de verão em um *resort* de praia. Minha irmã Penny se tornou grande amiga de um fazendeiro que vivia por perto, chamado John. Todos os dias, ela o ajudava a ordenhar suas vacas, e, aos poucos, todos nós o conhecemos. Um dia, John comentou sobre um anel incomum que usava no dedo anelar de sua mão direita.

"Esse é meu mascote", ele nos disse. "Ele é feito de um prego de ferradura".

John retirou o anel e deixou que o analisássemos. O prego foi martelado no formato de um anel, criando uma joia incomum.

Penny quis saber por que ele usava um anel tão inusitado. John pareceu envergonhado e esfregou o anel entre seus dedos.

"Ele me protege", ele disse. "Me mantém seguro contra o mal".

"É um amuleto da sorte?", Penny perguntou.

John encolheu os ombros. "Ele é mais do que isso. É uma espécie de anel mágico. Atrai coisas boas para mim e me protege do mal".

"Como ele faz isso?"

John pareceu surpreso e entregou o anel para minha irmã. "Você não consegue sentir a energia dentro dele?"

Passamos o anel novamente. Desta vez, todos sentimos que ele possuía algum poder incomum. John riu dos nossos olhares de surpresa.

"Vocês não sabem que os ferreiros são magos?", perguntou. Ele pegou o anel de volta e o esfregou de novo delicadamente antes de recolocá-lo em seu dedo.

Essa foi minha primeira experiência manuseando um objeto verdadeiramente mágico. Resolvi, naquele momento, que um dia eu teria um anel feito de um prego de ferradura.

Eu não sabia disso naquela época, mas esse foi apenas o início da minha jornada no mundo antigo de amuletos, talismãs e patuás. Neste livro, espero conseguir, assim como esse fazendeiro, muitos anos atrás, apresentá-los a esse tema fascinante e transformador.

Existem muitas pessoas atualmente que pensam que somos muito mais inteligentes do que nossos ancestrais e que sabemos praticamente tudo aquilo de que precisamos saber. De maneira conveniente, olvidamos que, ao longo da história, esquecemos muito mais do que aprendemos e que nossos ancestrais "primitivos" atuaram extremamente bem no mundo onde viveram. Vários dos segredos de seu sucesso, por assim dizer, estão perdidos para nós atualmente. Qual sabedoria, por exemplo, foi guardada em centenas de milhares de pergaminhos na biblioteca de Alexandria, no Templo de Jerusalém ou no Templo de Ptah em Mênfis? Simplesmente não temos conhecimento.

Sabemos que nossos ancestrais foram pessoas extremamente inteligentes, encantados pelo conhecimento e pelo aprendizado, e apenas alguns exemplos dos frutos de seu trabalho já corroboram isso. Trezentos anos antes do nascimento de Cristo, o matemático grego Bratóstenes determinou a circunferência do globo, e estava incorreto em apenas 202 milhas de distância. (A crença de que o mundo seria plano surgiu muitas centenas de anos depois.) Mosco, o Fenício, estava ciente do átomo e declarou que ele era divisível. O enorme porto que Herodes, o Grande, construiu em Cesareia Marítima tinha um quebra-mar de mais de 60 metros de largura – uma maravilha da engenharia de acordo com qualquer padrão. Alexander Flinder, coordenador de escavações no porto, escreveu: "Esse porto herodiano é um exemplo de um porto do século XXI construído há 2 mil anos".[1] Os romanos conseguiram criar uma forma de cimento que endurecia debaixo da água, algo que foi posteriormente perdido e reinventado na Idade Média.[2] Os celtas tinham

1. A. Flinder, *Secrets of the Bible Seas* (London: Severn House, 1985), p. 101.
2. L. Pauwels e J. Bergier citaram René Alleau em *The Dawn of Magic* (London: Anthony Gibbs and Phillips, 1963), p. 43.

uma máquina de colheita que foi perdida e reinventada no século XIX.[3] Os hindus realizavam cirurgias plásticas complexas há 2 mil anos.[4] Os chineses descobriram e utilizaram o alumínio 1.500 anos antes de ele ser redescoberto, em 1827.[5] Evidentemente, nossos ancestrais fizeram muito mais do que revirarem a escuridão pré-moderna primitiva.

Também sabemos que indivíduos de épocas passadas acreditavam em todos os tipos de coisas que, muitas vezes, não são mais aceitas por pessoas cultas atualmente. Por exemplo, acreditavam que determinados objetos contivessem um poder e uma energia incríveis e pudessem ser utilizados para auxiliá-las em todo tipo de atividade e para protegê-las de todo perigo imaginável. Esses objetos – amuletos, talismãs e patuás – desempenharam papéis importantes na vida das pessoas em tempos antigos. As pessoas de hoje, no entanto, zombariam dessas coisas e nunca as utilizariam. Ou elas as utilizariam? Atualmente, mais pessoas do que nunca estão usando itens como medalhas de São Cristóvão, *ankhs*, crucifixos e signos do zodíaco, para citar apenas alguns. Todos eles são patuás, amuletos ou talismãs. Na maioria das vezes, as pessoas que os usam não têm a menor ideia do que são esses objetos. Elas podem até mesmo considerá-los como nada além de acessórios de moda bonitos. Mesmo assim, ainda estão recebendo alguns dos benefícios que vêm do uso de algo que contém um poder mágico.

Na verdade, amuletos, talismãs e patuás são tão importantes para muitos atualmente quanto eram há centenas ou até mesmo milhares de anos – mas, às vezes, essa importância não fica imediatamente aparente. Até mesmo pessoas que não expressam interesse – ou expressam ativamente descrença – em relação ao assunto utilizam amuletos, patuás e talismãs. Poucas pessoas passariam por um trevo-de-quatro-folhas sem pegá-lo. Diversos atletas possuem "meias da sorte" ou outros itens de vestuário que não podem ser lavados até o final da temporada, no caso de o poder mágico que eles possuem ser perdido. Um ator que conheço não entra no palco se não estiver usando uma determinada roupa íntima que lhe dá sorte. Ele não gostaria que dissessem que essa roupa pode

3. P. James e N. Thorpe, *Ancient Inventions* (London: Michael O'Mara Books, 1995), p. 387.
4. G. Majno, *The Healing Hand* (Harvard University Press, 1975).
5. Joseph Needham, *Science and Civilisation in China* (Cambridge University Press, 1954), v. 2, p. 192-193.

ser considerada como um talismã ou um patuá para boa sorte, mas, na realidade, é exatamente isso o que ela é.

Espero ter confirmado o que você já deveria saber intuitivamente quando adquiriu este livro: os objetos que instintivamente mantemos perto de nós para obter conforto, proteção, sorte ou auxílio possuem um poder considerável – um poder que é conhecido pelo homem há milênios. Esta obra o ajudará a compreender os tipos de amuletos, talismãs e patuás que encontramos diariamente, além de guiá-lo enquanto você cria objetos que podem ser aperfeiçoados para seus próprios desejos e necessidades. Neste percurso, você aprenderá muito sobre a rica história dos amuletos e talismãs e a respeito dos magos famosos que os criaram e os utilizaram. Amuletos, talismãs e patuás podem ter um efeito muito real no seu bem-estar, e espero que, com a ajuda deste livro, eles se tornem, em breve, uma parte benéfica da sua vida.

1

O que Eles São?

As pessoas frequentemente usam as palavras "talismã", "amuleto" e "patuá" de forma intercambiável. Isso não é correto, mas é fácil perceber como essa confusão surge, pois a linha divisória entre esses termos é frequentemente difícil de definir. Este capítulo o ajudará a compreender as distinções sutis entre esses três termos.

Talismãs

Os talismãs são objetos criados para conceder um poder específico, proteção, encorajamento e energia àqueles que o utilizam ou o possuem. É importante observar que os talismãs sempre oferecem *benefícios específicos* para seus donos e, geralmente, são criados para propósitos específicos.

Os talismãs podem ser feitos de quase todo tipo de material, apesar de frequentemente serem feitos de metal, pedra ou pergaminho e serem gravados com palavras e imagens. Muitas vezes são criados em momentos espiritual e cosmicamente significativos, a fim de oferecer poder e energia que podem ser usados por quem os possuir. Os mais poderosos são, de fato, produzidos por seus próprios donos. Apesar de eles poderem ser criados para propósitos tanto positivos quanto negativos, seria preciso ser extremamente corajoso – e tolo – para fazer um talismã negativo deliberadamente.

A história está repleta de exemplos de talismãs em funcionamento. Catarina de Médici, por exemplo, usava um talismã especialmente produzido para ela, que lhe oferecia poder e o dom da clarividência. Ele era constituído por diversos metais misturados em momentos astrológicos favoráveis. Um lado desse talismã retratava o deus Júpiter, a águia de Ganimedes e um demônio com a cabeça de Anúbis, um deus egípcio. O outro lado continha uma imagem de Vênus, cercada por demônios. Acredita-se que a Vênus seja, na verdade, um retrato de Catarina de Médici, pois muitos talismãs têm a forma de um disco, com um lado que retrata seu dono, enquanto o outro lado ilustra aquilo que ele deseja. O talismã de Catarina de Médici foi destruído quando ela morreu, mas uma cópia dele pode ser encontrada na Biblioteca Nacional da França, em Paris.

Os talismãs são comuns até mesmo atualmente – ainda que seus usuários não os reconheçam como tais. As pessoas envolvidas em atividades competitivas frequentemente utilizam itens de vestuário como talismãs para melhorar seu desempenho. Vida Blue é um ótimo exemplo. Blue foi um arremessador de beisebol famoso nas décadas de 1970 e 1980. Ele acreditava que seu boné lhe trouxesse sorte e o fizesse arremessar melhor. Consequentemente, durante muitas temporadas, nunca ia ao montinho sem esse mesmo boné. Após diversos anos, o boné acabou ficando tão sujo e desbotado que os dirigentes da liga disseram que Blue seria suspenso se não trocasse de boné. Blue concordou e realizou uma cerimônia antes de um jogo para queimar seu boné antigo antes de usar o boné novo. (Blue provavelmente não sabia disso, mas ele estava utilizando um ritual antigo para se despedir de seu talismã.)

Em Hong Kong, vi pessoas que mantinham imagens e desenhos de livros e computadores em carteiras e bolsas, a fim de ajudá-las a se tornarem mais acadêmicas. Também conheço alguém que mantém uma imagem de Jesus em sua carteira. Ele frequentemente tem problemas de visão e, apesar de não ser cristão, carrega a imagem porque Jesus era conhecido por curar cegos.

Os talismãs também surgiram de várias formas naturais. Os primeiros talismãs eram naturais. Povos primitivos frequentemente usavam objetos feitos de partes de animais. Uma pena de águia, o dente de um tubarão ou a garra de um leopardo proporcionavam poder e prestígio para quem os utilizasse. Um colar feito com os dentes de um animal predador é outro bom exemplo. Ele era destinado não apenas para oferecer proteção, mas também para proporcionar a seu usuário algumas das qualidades do animal ao qual os dentes originalmente pertenciam. Uma pessoa que usasse um colar feito com os dentes de um castor se tornaria trabalhadora, enquanto outra que utilizasse um dente de tubarão se tornaria forte, feroz e vigorosa, por exemplo.

Amuletos

Diferentemente dos talismãs, os amuletos são destinados a propósitos mais gerais e normalmente oferecem proteção contra perigos. Eles também podem afastar doenças e má sorte. Enquanto os talismãs são ativos, os amuletos são passivos e reagem a acontecimentos na vida de seu usuário, em vez de especificamente criarem algo. (Nós esperamos que os amuletos ofereçam proteção, mas ocasionalmente ocorre o oposto, e o amuleto, na verdade, torna a vida mais perigosa. O exemplo mais famoso disso é o do Diamante Hope, que causou desgraça e sofrimento a todos os que o possuíram.)

Originalmente, os amuletos consistiam em objetos naturais. Pés de coelhos da sorte e trevos-de-quatro-folhas são exemplos desse tipo de amuleto. No entanto, não demorou para objetos confeccionados pelo homem se tornarem amuletos, principalmente na forma de diversos adornos para o corpo. Joias ainda são frequentemente utilizadas como amuletos.

Um amuleto também pode ser um objeto produzido especialmente, que é carregado com você para proteção. Por exemplo, São Judas é considerado o santo padroeiro dos policiais, e, no início do século XX, muitos policiais em Nova York carregavam consigo medalhas de São Judas para oferecer proteção.

Patuás

Os patuás combinam as qualidades tanto dos amuletos quanto dos talismãs. Eles são ativos, como os talismãs, e genéricos, como os amuletos. Os patuás são destinados a atrair boa sorte e boa fortuna para quem os possui.

Originalmente, os patuás consistiam em palavras que eram recitadas ou cantadas. A palavra inglesa *charm* (em português, encantamento ou patuá) em si é derivada da palavra francesa *charme*, que significa "canção". A bênção que um sacerdote oferece no final de um serviço religioso é um excelente exemplo de um encantamento tradicional. Quando as pessoas começaram a escrever palavras em vez de recitá-las, os encantamentos foram associados a objetos mágicos como amuletos e talismãs [ou seja, tornaram-se patuás].

As pessoas têm usados patuás para lhes oferecer proteção e atrair sucesso para outras coisas além de si mesmas. Em 1968, construtores que trabalhavam no projeto do foguete Vanguard para a Marinha dos Estados Unidos disseram que uma série de falhas foi causada pela ausência de medalhas de São Cristóvão nos foguetes. São Cristóvão é amplamente considerado o santo padroeiro dos viajantes, e acredita-se que medalhas gravadas com sua imagem protejam as pessoas durante as viagens. Uma medalha foi acoplada no foguete seguinte, e ele funcionou perfeitamente.[6]

O anel de ferradura de John, mencionado na introdução, também é um bom exemplo do que quero dizer com patuá. Ele o protegia, mas também lhe trazia boa sorte. (A propósito, apesar de não ser fácil encontrar um ferreiro nos dias de hoje, vale a pena o esforço. Quando você encontrar um ferreiro, peça para ele fazer um anel com um prego de ferradura. Você, então, possuirá um objeto incomum que vai atrair boa sorte e oferecer proteção contra o mal. Um anel desse tipo é o patuá mais eficaz com o qual já me deparei.)

Como você pode observar, algumas vezes é difícil dizer se um determinado objeto mágico é um amuleto, um patuá ou um talismã. Na verdade, não é de todo incomum encontrar um objeto que desempenha essas três funções, dependendo das crenças de seu dono. No entanto, essencialmente, os talismãs proporcionam um poder ativo, os amuletos oferecem uma proteção passiva, e os patuás atraem boa sorte e oferecem proteção contra o mal. No fim das contas, provavelmente não faz diferença alguma como você os denomina, contanto que escolha o objeto correto para suas necessidades específicas. O conteúdo a seguir o ajudará a fazer exatamente isso.

6. Harvey Day, *Occult Illustrated Dictionary* (London: Kaye and Ward, 1975), p. 129.

2

Amuletos

Os antigos egípcios tinham quatro palavras que podiam ser traduzidas como "amuleto". Todas elas vinham de verbos que significavam "guardar" ou "proteger". Os egípcios tinham amuletos para ajudar os vivos e também criaram amuletos funerários para proteger os mortos enquanto eles viajavam desde o submundo até o céu.[7] A palavra "amuleto", como é conhecida por nós, vem de *amuletum*, o vocábulo latino para "um ato que evita o mal". Outra derivação interessante vem do termo árabe *himalah*, que é a palavra para o cordão que prende o Alcorão ao corpo. Da mesma forma, a maioria dos amuletos eram joias ou outros objetos preciosos usados ao redor do pescoço em um cordão ou uma corrente.

Povos primitivos começaram a usar amuletos por causa de um desejo natural de se protegerem no mundo muitas vezes aterrorizante em que eles viviam. Os amuletos ofereciam a eles proteção para o lar, a família e o rebanho. Eles protegiam o usuário de inimigos – naturais ou não – e, o mais importante, proporcionavam proteção contra o mau-olhado (um assunto sobre o qual comentarei detalhadamente em breve).

Quando os conceitos de deuses ou de um deus se tornaram aceitos, os deuses muitas vezes foram creditados por prover as qualidades protetoras que os amuletos forneciam. No entanto, esse nem sempre foi o caso. Diferentes religiões estabelecidas, e não tão estabelecidas, também desaconselhavam o uso de amuletos. É difícil compreender o motivo, considerando que os amuletos não contêm nada inerentemente mau ou

7. Carol Andrews, *Amulets of Ancient Egypt* (London: British Museum Press, 1994), p. 6.

antirreligioso. O propósito deles era, e ainda é, somente oferecer proteção para seu usuário, e muitas vezes eles derivam esse poder protetor dos nomes dos deuses que são gravados nos amuletos. Apesar disso, São João Crisóstomo e outros padres cristãos denunciaram os amuletos, porque eles estavam relacionados à magia.[8]

Os governos também entraram em ação. Nos últimos dias do Império Romano, o imperador Caracala ficou tão preocupado com o número de pessoas que utilizavam amuletos, que emitiu um decreto proibindo seu uso. Penas severas eram impostas a todos os que continuavam a usar amuletos.[9]

No entanto, no século XV d.C., a tendência mudou, e a Igreja Cristã começou a aceitar os amuletos. O primeiro deles foi a cruz, que era usada para repelir demônios e espíritos portadores de doenças. Depois dela, vieram imagens da Virgem Maria e dos santos. Relíquias dos santos e mártires vieram logo em seguida, e, com o passar do tempo, a invenção da máquina de impressão permitiu que as pessoas carregassem amuletos e talismãs em papel.

Mau-olhado

O homem primitivo era fascinado pelo olho por uma série de razões. O fato de pessoas diferentes terem íris de cores distintas era um motivo de fascínio, assim como a capacidade de a pupila aumentar e contrair de tamanho. Além disso, é possível ver um reflexo de sua própria imagem no olho de outra pessoa. (Aliás, foi daí que surgiu a palavra "pupila", do latim *pupilla*, que significa "boneca pequena".) Tudo isso levou o homem primitivo a desenvolver um respeito íntegro pelo poder dos olhos – um respeito que, muitas vezes, se transformou em medo.

Essa mistura de respeito e medo persiste até os dias de hoje. Muitas pessoas, por exemplo, estão familiarizadas com a expressão "Se olhares matassem". Os olhos são extremamente expressivos, e um olhar repleto de ódio, inveja, mal, frieza ou ciúme pode ser bastante intimidador. O

8. E. A. Wallis Budge, *Amulets and Superstitions* (Oxford: Oxford University Press, 1930), p. xxvii.

9. C. J. S. Thompson, *Amulets, Talismans and Charms* (Edmonds, WA: Holmes Publishing Group, n.d.), p. 5-6.

reconhecimento do poder de um olhar parece transcender as fronteiras culturais e geográficas. Não faz muito tempo que testemunhei um confronto entre pessoas de raças diferentes, e pessoas dos dois lados usaram o mau-olhado contra os seus supostos inimigos.

Todos nós nos sentimos desconfortáveis quando alguém nos observa fixamente com um olhar mais duro, e, na maioria das vezes, sentimos até mesmo quando alguém está olhando para nós pelas nossas costas. Também temos o poder de causar mau-olhado em outra pessoa. Quando olhamos intencionalmente para alguém com pensamentos negativos na mente, estamos fazendo isso de forma consciente. No entanto, também podemos fazer isso inconscientemente, olhando muito tempo para uma pessoa, um animal ou um objeto, talvez com pensamentos de admiração ou inveja. Uma pessoa que usa o mau-olhado tem o poder de prejudicar alguém com um mero olhar. Os efeitos do mau-olhado geralmente vêm de outro ser humano, mas, ao longo da história, acreditou-se que alguns répteis e insetos também possuíssem esse poder de prejudicar. (É interessante observar que a palavra inglesa *ill* (doente) era originalmente uma contração de *evil eye* (mau-olhado).[10] Isso mostra o quanto as pessoas estavam convencidas de que o mau-olhado fosse capaz de prejudicar fisicamente e até mesmo matar outros indivíduos.)

A HISTÓRIA DO MAU-OLHADO

A crença no mau-olhado é praticamente universal e parece remontar ao início da história. Relatos dos danos que o mau-olhado causa podem ser encontrados em tábuas de argila cuneiformes sumérias e babilônicas que remontam a cerca de 3000 a.C. O deus sumério Ea, por exemplo, travava uma guerra constante contra o mau-olhado.

Desde então, a crença no mau-olhado se disseminou em todo o mundo. A seguir, são listadas algumas das palavras usadas para descrevê-lo em diferentes partes do mundo:

- **Alemanha:** *böse Blick.*
- **América do Sul:** *mal de ojo.*

10. R. Brasch, *The Supernatural and You!* (Stanmore, Australia: Cassell Australia, 1976), p. 143.

- **Arábia:** *ayn al-hasad.*
- **Armênia:** *peterak.*
- **China:** *ok ngan.*
- **Córsega:** *innocchiatura.*
- **Escócia:** *bad Ee.*
- **Espanha:** *mal de ojo.*
- **Etiópia:** *ayenat.*
- **França:** *mauvais œil.*
- **Grécia:** *baskania.*
- **Haiti:** *mauvais jé.*
- **Hungria:** *szemverses.*
- **Índia:** *drishtidosham.*
- **Irã:** *aghashi.*
- **Irlanda:** *droch-shuil.*
- **Itália:** *malocchio* (também *affascinamento* e *jettatura*).
- **Noruega:** *skørtunge.*
- **Países Baixos:** *booz blick.*
- **Polônia:** *zte oko.*
- **Síria:** *aina bisha.*
- **Turquia:** *nazar* (também *kem goz*).

Ao longo da história, diferentes culturas tiveram crenças únicas e, muitas vezes, extremamente diferenciadas em relação ao mau-olhado e a como evitar os seus diversos efeitos. Na Índia, os hindus acreditavam no poder do mau-olhado, possivelmente porque se acreditava que o terceiro olho de Shiva, o Destruidor, fosse capaz de destruir todo o universo com um mero olhar. Um provérbio tâmil diz: “É melhor ser ferido por uma pedra do que por um mau-olhado”.

Os egípcios usavam o Udjat, ou Olho de Hórus, como um amuleto para protegê-los do mau-olhado. Como o Udjat simbolizava o olho do Deus Sol, ele se tornou um remédio eficaz para afastar as energias mais fracas do mau-olhado. Algumas vezes, dois olhos eram usados, e estes representavam o Sol e a Lua.

Os antigos hebreus acreditavam no mau-olhado e usavam a Estrela de Davi como proteção contra ele. Eles também protegiam seus filhos do mau-olhado passando-os pela fumaça de velas abençoadas.

No final do século III a.C., o poeta grego Apolônio de Rodes escreveu sobre a feiticeira Medeia, que conseguiu destruir o gigante Talos com um olhar malévolo. Apolônio descreveu como Medeia enfeitiçou os olhos de Talos com o mal que existia dentro dela.

Quando o historiador romano Plínio, o Velho, escreveu sobre as tribos dos tribálios e ilírios, ele explicou como alguns de seus membros conseguiam matar os outros com seu mau-olhado. Plínio acreditava que um dos atributos dessas pessoas fossem pupilas duplas em seus olhos. Plutarco, Virgílio e Luciano também escreveram sobre o mau-olhado.[11]

Os romanos chegaram até mesmo a legislar contra o mau-olhado, com a intenção de punir e banir todos os que o usassem. Não é surpresa que isso não tenha funcionado, e, atualmente, na Itália, pessoas carregam amuletos que representam chifres, para se protegerem, bem como crucifixos e olhos de porcelana.

O Talmude hebraico diz: "Para cada pessoa que morre de causas naturais, 99 morrerão de mau-olhado". Milhares de anos depois, o povo judeu ainda diz "*kayn aynhorah*", que significa "Que nenhum mau-olhado lhe cause dano", para afastar o mau-olhado.[12]

A Bíblia também possui diversas referências ao mau-olhado. Em Deuteronômio 15:9, encontramos: "Tenhas cuidado para que não haja um pensamento em teu coração perverso, dizendo: O sétimo ano, o ano da remissão, está se aproximando; e o teu olho seja maligno para com teu pobre irmão, e não lhe dês nada; e ele clame ao Senhor contra ti, e haja pecado em ti". Provérbios 23:6 é ainda mais específico: "Não comas

11. William Smith, *A Dictionary of Greek and Roman Antiquities* (London: John Murray, 1875), p. 521.

12. Carole Potter, *Knock on Wood and Other Superstitions* (New York: Sammis Publishing, 1983), p. 72-73.

o pão daquele que tem mau-olhado, nem cobice suas deliciosas carnes". Jesus menciona especificamente o mau-olhado em Marcos 7:22-23: "Furtos, cobiça, maldade, engano, lascívia, mau-olhado, blasfêmia, soberba, loucura: Todas essas coisas más vêm de dentro e corrompem o homem". Jesus também menciona o mau-olhado no Sermão da Montanha (Mateus 6:22-23): "A luz do corpo é o olho; portanto, se o teu olho for puro, todo o teu corpo estará repleto de luz. Porém, se o teu olho for mau, todo o teu corpo estará repleto de trevas".

Os primeiros cristãos, naturalmente, usavam uma cruz como um amuleto de proteção contra as forças do mau-olhado. Até mesmo fazer o sinal da cruz, bem como e recitar uma oração rápida era considerado eficaz.

O mau-olhado é mencionado no Alcorão, e os leitores são alertados sobre os seus perigos. O Alcorão contém oito versos que se referem ao mau-olhado e dá conselhos sobre como proteger a si mesmo e aos outros dos efeitos negativos dele. No entanto, o Alcorão desaprova patuás e amuletos de proteção, recomendando, em vez disso, que os leitores busquem a ajuda e a proteção de Alá.

A crença no mau-olhado também era forte na Inglaterra e na Irlanda antigas. Na mitologia irlandesa, é contada a história de Balor do Olho Maligno. Um dia, ele viu druidas preparando uma poção para a sabedoria, e um pouco da mistura espirrou em seu olho. Isso criou um olho maligno, que ele mantinha encoberto quando não estava envolvido em uma batalha. Sua pálpebra era tão pesada que ele precisava de quatro ajudantes para abri-la. Ele era capaz de usar esse olho para petrificar seus inimigos com um mero olhar. Por fim, Balor foi morto por seu neto, que destruiu o olho maligno com um estilingue.

Em 1696, o estudioso inglês John Aubrey publicou *Miscellanies*, que continha informações sobre o mau-olhado: "Os olhares de inveja e maldade também são disparados sutilmente; o olho da pessoa malévola realmente contamina e adoece o espírito do outro".

A história é repleta de exemplos de indivíduos e grupos que usaram o mau-olhado e foram punidos por isso. O *Malleus Maleficarum* (literalmente, "Martelo das Feiticeiras"), famoso livro para caçadores de bruxas publicado na Alemanha em 1486, menciona que determinadas pessoas conseguiam enfeitiçar seus julgadores com um mero olhar. É por esse motivo que muitas supostas bruxas eram obrigadas a caminhar de costas na direção de seus julgadores. Inúmeras pessoas foram queimadas até a morte na Europa medieval porque se acreditava que elas possuíssem mau-olhado.

PEGANDO MAU-OLHADO

Normalmente, o mau-olhado é transmitido de maneira acidental e é resultado de inveja ou apreço. Por exemplo, pode ser preocupante se alguém elogiar você ou os seus filhos, pois isso pode inadvertidamente causar danos a você ou à sua família. Em algumas culturas, a pessoa que fizesse o elogio cuspia três vezes para eliminar a possibilidade de transmitir acidentalmente o mau-olhado.

É até mesmo possível direcionar o mau-olhado para si. Se você ficou orgulhoso com algo que conquistou e, então, teve uma sensação repentina de exaustão, pode ter feito isso. No Azerbaijão, há um ditado que diz: "*Ozumun ozume gozum deydi*", que significa "Eu trouxe o mau-olhado para mim".[13]

Na Itália, acredita-se que algumas pessoas nasçam com mau-olhado e o utilizem involuntariamente. Essas pessoas são conhecidas como *jettatores* ("projetores"). Sua versão do mau-olhado é chamada de *jettatura* ("projeção"), em contraste com a forma acidental criada pela inveja e pelo apreço, que é conhecida como *mal occhio* ("olho mau").

Pessoas com olhos ligeiramente incomuns eram frequentemente acusadas de possuir mau-olhado. Na Palestina, acreditava-se que homens barbeados de olhos azul-claros fossem mais propensos a transmitir mau-olhado. Em algumas culturas, acreditava-se que quem fosse diferente, de alguma forma, possuísse mau-olhado. Uma pessoa que tivesse a infelicidade de ter nascido com pé torto, por exemplo, poderia ser vista com suspeita, simplesmente por ser diferente. Até mesmo um estrangeiro poderia ser visto com suspeita, em especial se ele viesse de uma origem racial diferente.

13. Jean Patterson e Arzu Aghayeva, "The Evil Eye: Staving Off Harm – With a Visit to the Open Market", *Azerbaijan International*, out. 2000, p. 8.

EVITANDO MAU-OLHADO

Em todas as culturas em que alguma versão do mau-olhado aparece, geralmente se sente que crianças, mulheres grávidas e animais são mais suscetíveis ao mau-olhado, mas todo mundo poderia se tornar uma vítima, se não estivesse protegido. O mau-olhado é culpado, por exemplo, por crises repentinas de diarreia e vômito, pela secagem do leite em mães que estão amamentando e pela impotência nos homens.

Por sorte, diferentes objetos podem ser usados para evitar o mau-olhado. Mulheres sírias e palestinas se enfeitavam com contas azuis, seguindo a teoria de que o semelhante cura o semelhante.[14] Objetos azuis, principalmente contas, sempre foram usados para evitar o mau-olhado. Na Europa, pingentes de malaquita com marcas naturais que pareciam olhos eram utilizados para proteger o usuário do mau-olhado. Um amuleto de calcedônia marrom-avermelhada era esculpido para retratar um olho no centro, cercado por divindades que regiam cada dia da semana.[15] Atualmente, um pequeno amuleto no formato de um olho serve para o mesmo propósito. Esse tipo de amuleto é geralmente na forma de um broche ou pulseira, com o olho feito de porcelana.

Mãos eram e continuam sendo usadas em muitas culturas para afastar o mau-olhado. Fechar a mão em um punho e colocar o polegar entre o dedo indicador e o dedo médio, deixando o polegar sobressair ligeiramente, é uma proteção poderosa conhecida como "figa", *figga* ou *fico* em várias culturas. Apontar a figa para a pessoa que você suspeita que esteja lhe transmitindo mau-olhado evitará o perigo. A figa simboliza as genitálias masculina e feminina, e acredita-se que o poder potente e gerador que ela cria seja, sem dúvida, forte o suficiente para evitar o mau-olhado. Nos países da América Latina, figas de ébano são usadas como amuletos de proteção, especialmente por crianças.[16] Ao longo dos anos, diversas pessoas me disseram como os seus polegares subconscientemente se inseriam entre o dedo indicador e o dedo médio, criando um amuleto de proteção improvisado em ocasiões nas

---

14. George Frederick Kunz, *The Curious Lore of Precious Stones* (Philadelphia, PA: Lippincott, 1913), p. 139.
15. Kunz, *The Curious Lore of Precious Stones* (ver nota 14), p. 137.
16. Migene González-Wippler, *The Complete Book of Amulets and Talismans* (St. Paul, MN: Llewellyn Publications, 1991), p. 174.

quais elas precisavam de proteção. Obviamente, isso pode ser feito de forma consciente, e você deve fazer isso sempre que se encontrar em uma situação estressante ou potencialmente difícil.

Na Itália, a "mão chifrada" (*manu cornuto*) produz um excelente remédio. Esse gesto é criado levando o dedo médio e o dedo anelar até a palma da mão e segurando-os nessa posição com o polegar. Isso deixa o dedo indicador e o dedo mínimo levantados, criando chifres. Não é necessário mantê-los retos. Simplesmente manter a mão com os chifres apontando para baixo já é o suficiente para evitar o mau-olhado.[17] Esse gesto também protege os homens da impotência, um dos efeitos do mau-olhado.

O povo judeu usa o corpo para criar um amuleto de proteção contra o mau-olhado. O polegar da mão direita toca a palma da mão esquerda, enquanto o polegar da mão esquerda toca a palma da mão direita. Os dedos são, então, fechados ao redor desse arranjo, e o peito, os braços e as mãos entrelaçadas da pessoa criam um círculo de proteção.

Existem duas curas principais para o mau-olhado na Índia, bem como diversas curas menores. A primeira cura principal é visitar um templo, ou outro lugar sagrado, e rezar para Deus. A segunda é se envolver em obras de caridade. Outro remédio é queimar cânfora em um coco com dois buracos, balançá-lo no ar e, então, abri-lo. Como alternativa, você pode abrir um limão, também após balançá-lo no ar. Pedaços de abóbora-branca são tradicionalmente espalhados pelas ruas para afugentar o mau-olhado em ocasiões importantes, como na festa de inauguração de uma casa.

Na Grécia, há um remédio que eu mesmo já usei com um bom efeito. Tudo o que você precisa fazer é pintar um olho no meio de um enfeite azul bonito e, então, usá-lo como um colar ou uma pulseira. O fato de você estar envolvido na criação do olho oferece a esse amuleto um poder maior. Os gregos também tendem a cuspir na direção de uma pessoa que lhes faz um elogio. Acredita-se que isso afaste o mau-olhado, que poderia chegar até alguém por meio de um comentário gentil. Em algumas ocasiões, eles cospem três vezes, porque o número 3 é associado à Santíssima Trindade. A Igreja Ortodoxa Grega reconhece

17. Leo Vinci, *Talismans, Amulets and Charms* (London/New York: Regency Press, 1977), p. 34.

a existência do mau-olhado e recomenda que apenas seus sacerdotes tenham a permissão de removê-lo, no caso de possessão demoníaca.

Pequenas contas azuis ou pretas, contendo um ponto preto dentro de um círculo branco, são uma barreira popular contra o mau-olhado no Azerbaijão. Elas são chamadas de *gozmunjughu* e geralmente são usadas como contas. Às vezes, uma única conta é presa à blusa de uma criança. Versões maiores delas são penduradas nas casas das pessoas. É comum encontrar grandes olhos na entrada de edifícios comerciais. O McDonald's, na Fountains Square, em Baku, é um bom exemplo.

Enfeites de contas de olhos também são decorações populares em casas na Turquia. O olho é marcado em um vidro azul denominado *nazar boncugu* e protege os moradores das casas. Enfeites semelhantes também são populares no Egito. Originalmente, os homens das caravanas amarravam faixas com eles ao redor da testa dos camelos antes de embarcarem em viagens pelo deserto,[18] porém, nos dias de hoje, é possível encontrá-los frequentemente pendurados em espelhos de carros e dentro das casas. Eles também são encontrados nas roupas de crianças pequenas.

No Ocidente, com frequência fazemos elogios aos filhos de outras pessoas, dizendo coisas do tipo: "Como ele cresceu!" ou "Ela é encantadora". Nós não pensamos nada a respeito disso, mas, no Egito, comentários como esses podem apavorar os pais. Se as palavras forem proferidas com maldade ou inveja, a criança pode ser prejudicada pelo mau-olhado. Consequentemente, bebês meninos podem algumas vezes ser vestidos como meninas e até mesmo chegar ao ponto de terem suas orelhas furadas e de receberem brincos.[19] Algumas vezes, as crianças recebem nomes absurdos, para evitar o mau-olhado. Um menino pode receber o nome de uma menina, por exemplo. Como se acredita que o mau-olhado prejudique os alimentos, crianças pequenas costumam ser alimentadas com privacidade, longe dos demais. Em 1836, o egiptólogo britânico E. W. Lane comentou sobre mães afetuosas intencionalmente deixando seus filhos sem banho e vestidos com roupas velhas, para despistar o mau-olhado. Ele escreveu sobre encontrar uma mulher elegante e bem vestida,

18. Budge, *Amulets and Superstitions* (ver nota 8), p. 30.
19. Rachel Noeman, "Citizens Still Wary of 'Evil Eye' Power", *Middle East Times*, 4 ago. 2001.

"e do seu lado um menininho ou uma menininha, filho ou filha dela, com o rosto sujo e roupas que pareciam ter sido usadas por meses sem serem lavadas".[20]

Esferas de vidro, conhecidas como Bolas de Bruxa, eram usadas nas Américas, bem como na Inglaterra, para afastar o mau-olhado.[21] Elas eram penduradas nas janelas das casas para afastar o mau-olhado dos moradores e enviar a negatividade de volta para o local de onde ela veio. Originalmente, as Bolas de Bruxa eram pequenas esferas verdes ou azuis em vidro soprado, repletas de fios de cores diferentes. A ideia era a de que o mau-olhado ficaria tão imerso em tentar desemaranhar os fios diferentes, que seu poder seria diminuído. (Posteriormente, as esferas ficaram maiores e usava-se suas qualidades refletivas para desviar o mau-olhado.)

No Oriente, nós cuidadosamente entrelaçados têm sido usados para repelir o mau-olhado. A ideia por trás disso é que o mau-olhado se tornaria tão envolvido na complexidade dos nós, que ele perderia sua força e seu poder. É possível que o trabalho artístico complicado dos celtas e dos saxões fosse também desenvolvido com a ideia de repelir o mau-olhado.

É interessante observar que uma série de coisas que consideramos naturais atualmente começou como uma proteção contra o mau-olhado. A sombra para os olhos, por exemplo, não tinha nada a ver com beleza inicialmente. Ela era utilizada para proteger o usuário dos efeitos devastadores do mau-olhado. No Ocidente, muitas vezes gostamos de vestir as meninas pequenas de rosa e os meninos de azul. Pode parecer não ser nada além de um costume encantador, porém, mais uma vez, isso era feito originalmente para proteção. Os meninos eram vestidos de azul porque se acreditava que o azul afastasse o mau-olhado, e também é por esse motivo que, no Oriente, as pessoas ainda usam colares de contas azuis para enfeitar seus filhos e seu rebanho.[22] Quando o cordão finalmente se rompe, a criança é considerada madura o suficiente para suportar quaisquer ataques futuros do mau-olhado.

20. E. W. Lane, *Manners and Customs of the Modern Egyptians* (London: 1836), p. 243.
21. Leonard R. N. Ashley, *The Complete Book of Spells, Curses and Magical Recipes* (New York: Barricade Books, 1997), p. 161.
22. Brasch, *The Supernatural and You* (ver nota 10), p. 146.

Em algumas culturas, o vermelho é usado para evitar o mau-olhado. Na Índia, cordões vermelhos são colocados em volta do pescoço ou dos punhos de bebês pequenos, para oferecer proteção. Isso também é feito no Leste Europeu. Na Itália, amuletos de coral vermelho no formato de um chifre de animal são usados por homens.

Dentes de alho são outro amuleto muito conhecido e são considerados bons preventivos. O alho muitas vezes é carregado no bolso para uma proteção eficaz contra o mau-olhado. Como alternativa, dentes de alho podem ser pendurados no carro, no local de trabalho ou em casa.

Amuletos no formato de olhos são as formas mais comuns de proteção, e eles normalmente são da cor azul e feitos de cerâmica ou vidro. Pulseiras e colares dessa cor também oferecem proteção. Olhos são pintados na proa dos barcos, há milhares de anos, para oferecer proteção contra o mau-olhado. Isso possivelmente começou na Grécia, pois existem evidências de que muitas trirremes (antigos navios de guerra gregos) foram decoradas dessa forma, há mais de 2 mil anos. Amuletos no formato de mãos e ferraduras também são comumente utilizados, muitas vezes em combinações com amuletos de olhos. Consequentemente, um amuleto poderoso pode consistir em um olho sobre a palma de uma mão.

O professor Alan Dundes, em seu livro *The Evil Eye: A Folklore Casebook*, propõe que o mau-olhado faz as coisas vivas secarem. Como resultado, o leite materno seca, as pessoas definham, os frutos morrem nas árvores, há perda de peso inexplicável e ocorre impotência. Em outras palavras, o mau-olhado seca os líquidos. Como evidência disso, o professor Dundes afirma que a crença no mau-olhado começou na Suméria e se espalhou em uma direção circular, chegando até a Índia, a leste, à Escandinávia e à Grã-Bretanha, ao norte, à Espanha e a Portugal, a oeste, e ao norte da África, ao sul. A crença no mau-olhado chegou à América do Sul com a conquista espanhola e à Indonésia com a expansão do Islamismo.[23]

23. Alan Dundes (ed.), *The Evil Eye: A Folklore Casebook* (New York: Garland Publishing, 1981).

Amuletos Famosos

Determinados amuletos resistiram ao teste do tempo e se tornaram bem conhecidos, por causa dos benefícios que eles proporcionam. Obviamente, se esses amuletos tivessem deixado de produzir os resultados desejados, eles já teriam sido esquecidos há muito tempo. De qualquer forma, usar ou carregar um amuleto não faz mal para ninguém, e um amuleto familiar e confiável proporciona satisfação, bem como proteção.

ABRACADABRA

Nos dias de hoje, a palavra "abracadabra" é comumente considerada uma palavra sem sentido usada por conjuradores. No entanto, ela era levada a sério na Idade Média, quando as pessoas acreditavam que ela pudesse curar febres. Amuletos eram feitos de pergaminho, presos a um fio de linho e usados ao redor do pescoço. A palavra "abracadabra" era escrita na forma de uma pirâmide invertida:

A B R A C A D A B R A
A B R A C A D A B R
A B R A C A D A B
A B R A C A D A
A B R A C A D
A B R A C A
A B R A C
A B R A
A B R
A B
A

A ideia era a de que, quando a pessoa escrevesse a palavra, retirando uma letra em cada linha, até a palavra sumir, a doença desapareceria. Consequentemente, quando usada como um amuleto, é importante que ela aponte para baixo. O formato triangular também simboliza a Santíssima Trindade. Consequentemente, essa é uma força poderosa contra energias negativas – que ainda é usada hoje em dia. Alguns dias atrás, andei por um parque e observei que alguém escreveu uma pirâmide invertida em giz no caminho de concreto. A palavra usada para criá-la foi "ressaca". Eu adoraria saber qual efeito a pirâmide teve sobre a saúde de quem a escreveu.

Na maioria das vezes, esse tipo de amuleto é usado por nove dias (9 é um número sagrado) e, depois, é descartado, idealmente sendo jogado para trás, por cima do ombro esquerdo, antes do nascer do sol, em um riacho que flui de oeste para leste. Existe muito significado nesse procedimento complicado. O lado esquerdo está relacionado ao demônio, e o amuleto é descartado antes do nascer do sol em um rio que flui na direção do sol nascente – tudo isso associa o banimento do mal pelo bem ao sol nascente, que bane as trevas com a luz.

A origem desse amuleto é desconhecida, mas ele se tornou popular no século II d.C., quando os cabalistas começaram a usá-lo como um patuá contra maus espíritos. A primeira referência escrita a ele, com instruções sobre como utilizá-lo, foi feita em um poema de Quinto Sereno Sammonico, que foi médico do imperador Severo em sua expedição para a Britânia, em 208 d.C.

O significado da palavra "abracadabra" é desconhecido. Uma origem possível do termo são as palavras aramaicas "*Ab*" (Pai), "*Bar*" (Filho) e "*Ru'ach Acadach*" (Espírito Santo). Outra possibilidade é de que derive da palavra hebraica "*Ha-b'rakah*", que significa "o nome sagrado". Ainda outra probabilidade é de que venha de Abraxas, um deus cuja imagem aparecia em talismãs e amuletos usados por uma seita gnóstica seguidora de Basilides de Alexandria. As letras da palavra grega "Abraxas" também simbolizam os sete planetas conhecidos. Abracadabra também pode ser simplesmente o nome de um demônio. No final das contas, apesar de haver muita especulação sobre as origens da palavra "abracadabra", ninguém sabe ao certo qual é sua procedência.

(Curiosamente, abracadabra e *hocus pocus*, encantamentos comumente usados por conjuradores, têm ambos associações cristãs. Abracadabra pode ser traduzido como "Pai, Filho e Espírito Santo", e *hocus pocus* vem do latim *hoc est corpus*, que significa "este é o corpo" – isto é, o corpo de Cristo. Alguns magos usam uma versão estendida do feitiço:

hocus pokus filiokus, que vem de *hoc est corpus filii*. Isso pode ser encontrado na missa católica e significa: "este é o corpo do Filho".)

ANKH

O *ankh* é uma cruz com uma alça em vez de uma linha vertical na metade superior. Ele algumas vezes é chamado de chave da vida, pois os deuses do Egito Antigo são frequentemente retratados segurando-o por sua alça, o que o faz parecer uma chave. Eu também já ouvi ele ser descrito como sendo a cruz da vida. Os egípcios acreditavam que o *ankh* simbolizasse a natureza eterna da vida.

Ninguém conhece sua origem. No entanto, é possível que ele descreva a união do masculino e do feminino, com a alça simbolizando a vagina, enquanto o formato em T simboliza o pênis e os testículos. Independentemente de suas origens, ele sempre foi considerado um amuleto de proteção poderoso, que também oferece boa saúde e abundância.

BOLOTA

Quando eu era criança, costumava caminhar até a escola, passando por um bosque de carvalhos, e, como resultado, sempre tinha pelo menos uma bolota[24] no meu bolso. Lembro-me de segurar as bolotas na minha mão durante as aulas – o que significa que elas realmente estavam agindo como amuletos, apesar de eu não saber o significado dessa palavra naquele tempo.

A bolota tem sido usada como um amuleto desde os tempos druídicos. Os druidas cultuavam os bosques sagrados, e a ilha sagrada de Anglesey (na costa do País de Gales) era venerada por causa dos muitos bosques de carvalho que eram encontrados nesse local. Os druidas celebravam um festival do carvalho na época do solstício de verão, no dia 21 de junho de cada ano.

Muitas outras civilizações veneravam o carvalho e sua bolota. O oráculo de Dodona, na Grécia Antiga, ficava situado em uma floresta de

24. N.T.: Também conhecida como boleta, o fruto das árvores que pertencem à família dos carvalhos

carvalho. Os sacerdotes e as sacerdotisas escutavam os sons das árvores e os interpretavam. As brisas nos ramos eram amplificadas por grandes vasos de bronze que vibravam ao vento.[25]

Na Escandinávia, o carvalho é relacionado a Thor; na Índia, a Indra; na Grécia, a Júpiter; e, na Finlândia, a Ukho. Os romanos faziam coroas de folhas de carvalho para simbolizar bravura e coragem. O Antigo Testamento fala sobre o "carvalho adivinho" (RSV, Juízes 9:37).

Além de ser um amuleto de proteção, a bolota também é considerada um patuá para atrair boa sorte e uma vida longa. Algumas pessoas colocam bolotas no peitoril das janelas para oferecer proteção aos ocupantes da casa.

BOTÕES

Atualmente, consideramos os botões como itens meramente funcionais, portanto é difícil acreditar que botões fossem usados por cerca de 14 séculos antes de as botoeiras terem sido inventadas. Os botões eram originalmente considerados tanto patuás de boa sorte quanto amuletos, e eles eram trocados como presentes. Botões bonitos ainda são amuletos eficazes, principalmente se eles lhe forem oferecidos por alguém que se importa com você.

Existem diversas superstições relacionadas aos botões. Uma, de que me lembro da minha infância, é que é considerado má sorte colocar um botão na botoeira errada por engano. A solução é tirar a peça de roupa completamente e recolocá-la. Encontrar um botão é considerado sorte e significa que você fará uma nova amizade em breve. Os botões aparecem até mesmo na magia negra. Se você estiver doente e acreditar que a doença seja causada por um feitiço ruim, deve deixar um botão preto onde alguém possa encontrá-lo, e assim passará o feitiço adiante.

CORAL

O coral é um esqueleto de calcário duro, secretado por animais antozoários. Como ele se parece com um ramo de uma árvore, é capaz de

25. Richard Webster, *Omens, Oghams and Oracles* (St. Paul, MN: Llewellyn Publications, 1995), p. 40.

partilhar o simbolismo tanto da água quanto das árvores. O coral vermelho é também considerado um símbolo do sangue, que se relaciona à vida e, finalmente, à alma. Os romanos antigos acreditavam que o coral vermelho afastasse maus espíritos e o mau-olhado. Essa crença persistiu, e as pessoas ainda usam ornamentos feitos de coral como amuletos para se protegerem do mau-olhado.

CRUZ

Milhões de pessoas em todo o mundo usam uma cruz em volta do pescoço. Em muitos casos, isso é para dizer ao mundo que elas são cristãs, mas outras pessoas a utilizam como um amuleto de proteção. A cruz é um dos símbolos mais antigos, e é considerada sagrada há milhares de anos. Existem mais de 300 variações da cruz ao redor do mundo, e muitas destas remontam à Idade da Pedra, demonstrando o quanto esse símbolo é antigo. A cruz latina que simboliza o Cristianismo atualmente era usada pelos antigos egípcios e fenícios. Os gregos a usavam para simbolizar Baco e Apolo. Até mesmo prostitutas dos templos na Índia Antiga a utilizavam para simbolizar o poder de afirmação da vida.[26] As origens da cruz são desconhecidas, mas é possível que os cristãos coptas tenham se apropriado do *ankh* egípcio, muito mais antigo, e o tenham usado como um símbolo para afirmar a vida eterna prometida por Cristo. A palavra "cruz" vem da palavra latina *cruciare*, que significa "tortura". A palavra "crucifixo" tem a mesma origem.

Os cristãos começaram a usar a cruz como um símbolo identificador no século III ou IV d.C. Originalmente, era retratado um cordeiro (o Cordeiro de Deus), em vez do Jesus humano, na cruz. Os crucifixos (que retratam o Jesus humano na cruz) foram proibidos até o Concílio em Trullo aprová-los, finalmente, em 692 d.C.[27]

A cruz cristã se manteve como um símbolo sem poderes oficialmente autorizados por um tempo, pois os primeiros cristãos não aprovavam amuletos. No entanto, ela aos poucos se tornou um amuleto, quando os pais da Igreja decidiram usar a cruz para incentivar os con-

26. Ernest Busenbark, *Symbols, Sex, and the Stars in Popular Belief* (New York: The Truth Seeker Company, 1949), p. 144.
27. Busenbark, *Symbols, Sex, and the Stars in Popular Belief* (ver nota 25), p. 149-150.

vertidos, especialmente os celtas, a considerarem-na um símbolo de Cristo.

Na Idade Média, as pessoas carregavam amuletos de cera no formato de discos com um cordeiro na frente da cruz para evitar encantamentos e um longo período de condições meteorológicas ruins. Esse amuleto se tornou conhecido como *Agnus Dei* ("Cordeiro de Deus"). Ele, por fim, tornou-se tão popular, que uma bula papal foi aprovada em 1471, concedendo direitos exclusivos de fabricação ao papa. Esse amuleto se tornou – e continua sendo – uma fonte de renda altamente lucrativa para a Igreja.[28]

JADE

O jade sempre foi um amuleto popular na China, possivelmente por causa da imensa quantidade dessa pedra encontrada nesse país. As pessoas o usam para se protegerem de dores de estômago e para se tornarem mais férteis.

O jade de cor verde, especificamente, sempre foi associado à fertilidade e ao crescimento. Crê-se também que o jade auxilie as mulheres no parto. Acredita-se que o jade branco, especialmente quando transformado em um amuleto com ouro e rubi, proteja o usuário de palpitações cardíacas.[29] Os homens de negócios na China levavam consigo amuletos de jade enquanto estavam envolvidos em transações comerciais importantes.[30] Atualmente, amuletos de jade são utilizados para proteger o usuário de problemas de saúde, além de estimular um sono reparador e sentimentos de felicidade e contentamento. O jade é considerado extremamente protetor.

NÓS

Uma crença que aparece em todo o mundo é a de que os nós podem aprisionar maus espíritos. Durante minha infância, eu era fascinado por uma série de nós que minha avó tinha em todos os seus aventais

28. Andrew D. White, *History of the Warfare of Science with Theology* (1897; reimpr., Chicago: Chicago University Press, 1997), v. 1, p. 343.
29. George Frederick Kunz, *The Magic of Jewels and Charms* (Philadelphia: J. B. Lippincott, 1915), p. 342.
30. Budge, *Amulets and Superstitions* (ver nota 8), p. 315.

de cozinha. Ela os amarrava para proteção, tanto para ela mesma quanto para a comida que ela estivesse preparando.

Um nó atua como um amuleto de proteção que desestimula os maus espíritos. Curiosamente, o colarinho clerical é proveniente disso. As pessoas acreditavam que maus espíritos pudessem ficar presos no nó da gravata do sacerdote e, consequentemente, causar danos durante os serviços religiosos. Usar o colarinho tornou impossível para os sacerdotes usarem gravatas, e os problema foi eliminado.[31]

Outra referência religiosa aos nós é a franja com nós. A franja confunde os maus espíritos, enquanto os nós os aprisionam e impedem que eles causem danos. Os judeus ortodoxos vão ainda mais além, amarrando a franja de modo que ela forme um dos nomes impronunciáveis de Deus.

PARIK-TILS

Muito antes de eu ver uma bolsa medicinal dos nativos americanos, estava familiarizado com os Parik-tils, ou porta-bênçãos, usados pelos romani (ciganos). Os Parik-tils eram bolsinhas com cordão que continham uma variedade de objetos pequenos, como moedas, bolotas, ervas, pedras, penas e pedaços de papel contendo feitiços ou palavras de sabedoria. Qualquer coisa podia ser colocada nessas bolsas, contanto que parecesse apropriada ao propósito para o qual elas foram criadas. As bolsas podiam ser produzidas como amuletos para a proteção contra forças invisíveis, mau-olhado ou qualquer outra forma de negatividade. Os Parik-tils também podem ser produzidos como talismãs para atrair saúde, amor, prosperidade e longevidade. As bolsas finalizadas eram energizadas ao serem passadas por cima da chama de uma vela, antes de serem aspergidas com água. Algumas gotas de óleo perfumado eram acrescentadas, e o amuleto ficava pronto para ser utilizado.

Adquirindo Amuletos

Tradicionalmente, os amuletos eram itens naturais. Um vegetal seco, como uma pimenta vermelha, pode ser usado, ou uma bolota, um

31. Potter, *Knock on Wood and Other Superstitions* (ver nota 12), p. 112.

trevo-de-quatro-folhas, o dente de um animal ou uma pedra semipreciosa. No entanto, qualquer coisa de que você goste pessoalmente pode ser utilizada como um amuleto. Você pode escolher um objeto natural ou pode preferir algo produzido pelo homem, como uma medalha de um santo, um anel de pedra de nascimento, uma chave, um pingente, um desenho ou uma fotografia.

Leve o tempo que precisar para escolher um amuleto apropriado. Pense sobre a razão pela qual você o deseja e como você o usará ou o carregará. Quando você decidir que quer um amuleto para um propósito específico, uma série de possibilidades rapidamente se apresentará a você. Raramente saio para procurar um amuleto característico, pois geralmente o objeto certo parece me encontrar. Alguns anos atrás, comecei a conversar com uma pessoa em um aeroporto, e, quando chegou o momento de eu ir embora para pegar meu voo, a pessoa com quem estava conversando me deu um pequeno pedaço de hematita. Ele se tornou um amuleto perfeito, pois eu estava a caminho de encontrar um homem um tanto prepotente, por causa de uma negociação. A hematita me protegeu da agressão e da força dele.

Você pode optar por criar os seus próprios amuletos. *How to Make Amulets, Charms and Talismans*, de Deborah Lippman e Paul Colin (M. Evans & Co, 1974) contém instruções sobre como fazer vários amuletos diferentes. O filósofo francês Blaise Pascal é um exemplo bem conhecido de uma pessoa que produziu para si um amuleto de proteção. Ele acreditava profundamente no poder protetor dos amuletos e sempre carregava consigo, costurado no forro de seu casaco, uma folha de papel contendo uma mensagem escrita. Ele escreveu esse amuleto depois de uma experiência angustiante, que ocorreu quando os cavalos de sua carruagem levaram um susto enquanto ele estava conduzindo ao longo do rio Sena. Os cavalos correram diretamente em direção ao rio, mas as rédeas se partiram quando eles estavam prestes a puxar a carruagem de Pascal para um precipício. Os cavalos caíram no rio, mas a carruagem e Pascal, abalado e em choque, permaneceram pendurados na margem.[32]

32. Kunz, *The Magic of Jewels and Charms* (ver nota 28), p. 337-338.

Purificando Seu Amuleto

Se você adquiriu seu amuleto, ou o recebeu de presente, provavelmente precisará purificá-lo antes de utilizar os poderes de proteção dele. O motivo disso é porque você não sabe quais energias indesejáveis ele pode ter captado antes de estar em sua posse.

Os métodos tradicionais para purificar um amuleto envolvem fogo, terra, ar e água. Algumas pessoas gostam de usar todos os quatro elementos, enquanto outras utilizam apenas um deles. O que você escolher fazer depende de você e também, parcialmente, dos materiais que compõem o amuleto.

Algumas pessoas gostam de purificar seus amuletos criando um ritual formal. Não há nada de errado com isso, e você pode optar por purificar os seus amuletos dessa forma. A maioria das pessoas prefere purificar seus amuletos de um modo mais simples e casual. Apesar de o processo de purificação poder ser divertido, essa é uma tarefa séria, que nunca deve ser realizada de maneira leviana.

Escolha um momento em que você não será incomodado e em que possa se concentrar em purificar seu amuleto. Apesar de você poder fazer isso com pessoas que pensam de forma semelhante, é geralmente melhor fazer isso sozinho. Eu pessoalmente prefiro purificar amuletos ao ar livre, mas não tenho nenhuma objeção em realizar o ritual dentro de casa, se as condições meteorológicas estiverem ruins.

A seguir, são apresentadas algumas sugestões para ajudá-lo a escolher um método próprio.

FOGO

Adquira uma vela branca e passe seu amuleto pela chama. É importante que a vela não tenha sido usada para outro propósito anteriormente, e ela deve ser descartada depois de você purificar seu amuleto.

Além disso, em um dia ensolarado e sem nuvens, você pode colocar seu amuleto ao ar livre e deixar que a luz do sol direta o purifique.

TERRA

Enterre seu amuleto em uma terra seca e deixe-o nela durante a noite. Como alternativa, você pode escolher um lugar para colocar seu amuleto no chão e deixá-lo do lado de fora durante a noite. Pode ser mais eficaz cercar o amuleto com um círculo de pedras. Outro método é enterrar seu amuleto no sal por 24 horas. O sal deve ser descartado depois.

AR

Purifique seu amuleto no ar em direção a leste, segurando-o o mais alto que conseguir, com as duas mãos. Mantenha-se nessa posição por 30 segundos e, depois, repita isso nas direções sul, oeste e norte.

Outro método é acender uma vela branca e passar o amuleto pela fumaça. Pode ser usado um incenso, se preferir.

Você também pode preferir respirar profundamente por diversas vezes, até se sentir repleto de uma energia vibrante. Segure seu amuleto com as mãos posicionadas em forma de concha e expire sobre ele.

ÁGUA

Lave seu amuleto em água corrente. A água da torneira é suficiente, mas é melhor lavar seu amuleto na água de uma nascente ou de um riacho. Deixe o amuleto secar naturalmente ao ar fresco.

Se os materiais no amuleto não permitirem que isso seja feito, você pode aspergir algumas gotas de água da chuva sobre ele. Se necessário, seque imediatamente seu amuleto com uma toalha limpa.

Teste os diferentes métodos sugeridos aqui. Na maior parte do tempo, seu amuleto lhe permitirá saber quando ele foi purificado. Você pode experimentar uma sensação repentina de saber que a tarefa foi realizada. De modo alternativo, o amuleto pode parecer diferente de alguma forma. Ele pode parecer mais limpo e mais puro, por exemplo. Se você não receber nenhum sinal, purifique seu amuleto mais uma vez usando fogo, terra, ar e água, e, depois, espere 24 horas antes de testá-lo novamente.

3

Talismãs

Ninguém sabe como e quando os talismãs foram criados. No entanto, eles provavelmente remontam à Idade da Pedra. Pinturas nas paredes das cavernas, como as encontradas em Lascaux, na França, mostram bois, cervos e outros animais. Provavelmente, essa era uma forma de magia simpática. Ao retratar os animais nas paredes das cavernas, os povos primitivos estavam usando símbolos para atrair as presas a eles. A partir disso, era preciso apenas um simples gesto para se criar um objeto pequeno que podia ser carregado para o mesmo propósito.

Os primeiros talismãs eram itens naturais, como pedras ou ossos, os quais, por acaso, tinham um formato que fazia a pessoa que os encontrou se lembrar de um deus específico; ou, ainda, de uma característica ou habilidade específica de um deus ou de um animal. Outros itens eram toscamente esculpidos para representar várias divindades. Conforme as pessoas se tornaram mais habilidosas em produzi-los, os talismãs gradativamente se tornaram mais elaborados. Pequenas figuras esculpidas em marfim, cerâmica e metal, que remontam aos períodos Paleolítico e Neolítico, ainda existem até os dias de hoje. Independentemente de quão simples ou detalhados eles fossem, os povos pré-históricos acreditavam que os talismãs fossem imbuídos do poder daquilo que eles foram criados para representar.

Civilizações antigas avançadas também usavam talismãs. Escavações no Egito, na Caldeia, na Pérsia, na Grécia e em Roma revelaram talismãs. Instruções sobre como criar talismãs específicos foram encontradas em papiros egípcios. Não é surpresa que talismãs gregos e romanos estejam estreitamente associados à astrologia, enquanto talismãs judaicos demonstrem a influência da Cabala.

O mezuzá judaico é um bom exemplo de um talismã antigo. Ele remonta a uma instrução em Deuteronômio: "E as escreverás nos batentes das portas de tua casa e em teus portões" (Deuteronômio 6:9). O mezuzá em si é um tubo de metal oco que contém uma folha de pergaminho inscrita com as palavras "Ouve, ó Israel, o Senhor nosso Deus é Um". O mezuzá é pregado no batente da porta da casa, consagrando-a e protegendo-a. Os moradores beijam ou tocam o mezuzá sempre que passam por ele. Algumas pessoas até mesmo carregam consigo mezuzás ao redor do pescoço. Esta é uma prática recente. O propósito original do mezuzá é manter a casa segura.

Talismãs que utilizam magia simpática também persistiram. Apolônio de Tiana, filósofo pitagórico do século I d.C., criou um talismã para livrar Antioquia dos escorpiões. Ele enterrou um modelo de bronze de um escorpião e erigiu um pilar sobre ele. Esse talismã funcionou, e todos os escorpiões deixaram Antioquia.[33]

Durante as Cruzadas, muitos soldados carregavam consigo pedras esculpidas com runas para agirem como talismãs. Essas pedras rúnicas tinham dois propósitos: oferecer proteção e assegurar o sucesso na batalha. Os soldados desse período também carregavam consigo heliotrópios. O heliotrópio está associado a Marte, o deus da guerra, e os soldados acreditavam que essas pedras os tornassem valentes na batalha, além de oferecerem proteção. Eles também acreditavam que essas pedras pudessem estancar sangramentos, e elas eram frequentemente enfaixadas contra ferimentos para ajudar no processo de cicatrização.[34]

É interessante pensar que joias usadas exclusivamente para propósitos decorativos não eram conhecidas antes da época da Revolução Francesa. Antes disso, as joias eram utilizadas para apenas dois propósitos: para significar uma posição social elevada, ou como um talismã. Normalmente, as leis do país proibiam todos os que não fossem um membro da classe dominante de usar joias. Na Idade Média, por exemplo, as pessoas acreditavam que usar um anel de rubi na mão esquerda trouxesse a elas terras e títulos, as tornasse virtuosas e as protegesse das

33. Robin Skelton, *The Magical Practice of Talismans* (Victoria, British Columbia: Beach Holme Publishers, 1991), p. 16.
34. Doreen Valiente, *Natural Magic* (Custer, WA: Phoenix Publishing, 1975), p. 75.

tentações. Evidentemente, um nobre não iria querer que nenhum dos plebeus usasse um anel desse tipo.

Energização

O termo "talismã" vem da palavra grega *teleo*, que significa "consagrar". Os talismãs são objetos mágicos que devem ser dotados de poderes de alguma forma. Em outras palavras, os talismãs são *energizados* para receberem poder e energia que lhes permitam cumprir suas funções. Eles geralmente são produzidos e energizados em períodos específicos para que recebam as energias essenciais de que precisam para realizar sua atividade característica. Sem ser energizado, um talismã não consegue desempenhar sua função determinada.

A energização era (e ainda é) frequentemente feita usando-se um sistema de correspondências planetárias que teve início na Idade Média. Se, por exemplo, você criasse um talismã para atrair dinheiro, provavelmente o potencializaria em uma das horas de Júpiter, pois esse planeta está relacionado ao sucesso financeiro. (Eu abordarei esse sistema mais detalhadamente em breve.) Quando o talismã está ligado às forças universais dessa forma, é mais provável que ocorra sucesso do que no caso de o momento ser deixado ao acaso. Evidentemente, a pessoa que estiver produzindo o precisa estar completamente concentrada no resultado final desejado, o tempo todo em que estiver trabalhando nele.

Existem muitos rituais diferentes associados à energização dos talismãs. Muitos são extremamente complicados e difíceis de serem executados. Alguns deles podem ser encontrados nas obras de ocultistas famosos, como Eliphas Levi e Arthur Edward Waite. Eliphas Levi escreveu que, para energizar um talismã, era necessário um altar com um tripé com chama sagrada. Tanto o altar quanto o tripé tinham de estar enfeitados com cores típicas, determinadas pelos dias da semana. Um tapete de um tipo específico tinha de ser colocado na frente do altar. Nas segundas-feiras, por exemplo, o carpete deveria ser feito de pele de leão. A pessoa que estivesse realizando a cerimônia tinha de vestir túnicas de determinada cor e também usar diferentes tipos de joias, igualmente determinadas pelo dia da semana. Por exemplo, nas segundas-feiras, tinha de ser usada uma coroa coberta de seda amarela, bordada com o símbolo hebraico de Gabriel em fio prateado. A túnica para as segundas-feiras necessitava de um colar que continha pérolas, cristais e selenita.

Para a maioria das pessoas, o custo de adquirir todos os itens necessários seria muito elevado – sem mencionar as complexidades do ritual propriamente dito. Sem dúvida, na época em que Eliphas Levi escrevia, muito tinha de ser deliberadamente oculto, e isso pode ter sido parte do motivo de todos os obstáculos colocados no caminho de quem desejava praticar magia. Também é possível que ele não quisesse passar muitas informações em um livro, preferindo vendê-las para seus alunos particulares.

Por sorte, você não precisa pertencer a uma loja mágica ou a uma ordem esotérica para energizar um talismã, pois existem diversas maneiras simples e altamente eficazes para energizar ou consagrar seu talismã, as quais abordarei em detalhes no capítulo 5.

SISTEMA DE ENERGIZAÇÃO PLANETÁRIO

Este método medieval para energizar os talismãs não é o mais rápido, nem o mais simples, mas ele oferece a você uma ótima ideia sobre o que os antigos magos vivenciavam e a importância que eles davam à energização. Ver o capítulo 5 para outros métodos de energização.

Antes de prosseguirmos, precisamos saber um pouco mais sobre o sistema planetário medieval para criar e energizar talismãs. Nos períodos medievais, os talismãs se fundamentavam nos 12 signos do zodíaco, ou nos planetas conhecidos. No entanto, como os planetas simbolicamente regem os signos do zodíaco, eles gradativamente substituíram os signos, e a maioria dos talismãs é baseada mais nos planetas do que nos signos.

Antes de Urano, Netuno e Plutão serem descobertos, os magos e astrólogos usavam sete planetas (eles consideravam o Sol e a Lua como planetas). Nós ainda usamos esses sete planetas, por causa da imensa quantidade de conhecimento, mitologia e simbolismo associados a cada um deles. Há também outros motivos. O número 7 sempre foi considerado um número altamente espiritual. Por exemplo, Deus fez o mundo em seis dias e descansou no sétimo dia. Sete é a soma de quatro e três, dois outros números mágicos, e não é divisível por nenhum outro número. Quando falamos sobre "os sete mares", não queremos dizer que existem apenas sete mares. Usamos o número 7 para indicar a totalidade, ou todos os mares.

Não é surpresa que existiam também sete talismãs, um para cada dia da semana. No entanto, de acordo com Alberto Magno, um grande estudioso do século XIII e mestre de São Tomás de Aquino, muitas pessoas também possuíam um oitavo talismã, que podia ser usado em qualquer momento. Esse talismã assegurava que seu usuário triunfaria sobre os seus inimigos.[35]

Povos primitivos consideravam o Sol e a Lua a fonte de toda a vida. Na realidade, eles eram o pai e a mãe do universo. Gradativamente, deuses foram atribuídos aos cinco planetas visíveis, e, por fim, um panteão de deuses foi criado para cuidar dos assuntos da humanidade na Terra. Cada um tinha deveres e responsabilidades específicos, e, com o tempo, os planetas também se tornaram associados a qualidades típicas encontradas em objetos naturais. As pessoas descobriram que combinar objetos similarmente associados aumentaria a efetividade deles. Acreditava-se, por exemplo, que as pedras preciosas fossem mais eficazes quando combinadas com metais que compartilhavam de sua mesma natureza. A seguir, é apresentada uma lista que o ocultista Pierre de Scudalupis publicou em 1610, mostrando as afinidades entre os planetas e os principais metais e pedras preciosas.[36]

Planetas	**Metais**	**Pedras Preciosas**
Lua	Prata	Cristal
Mercúrio	Mercúrio	Pedra de ímã e alectória
Vênus	Cobre	Ametista, pérola, safira e carbúnculo
Sol	Ouro	Safira, diamante, pedra de ímã e jacinto
Marte	Ferro	Esmeralda e jaspe
Saturno	Chumbo	Turquesa e todas as pedras pretas
Júpiter	Estanho	Cornalina e esmeralda

35. Albertus Magnus (atribuído a), *Secrets Merveilleux de la Magie Naturelle et Cabalistique du Petit Albert* (Lyon, France: 1668).
36. Pierre de Scudalupis, *Sympathia septem metallorum* (Paris, 1610).

Embora tenha havido algumas alterações menores, sua lista ainda pode ser utilizada atualmente. Uma lista moderna abrangente pode ser encontrada no apêndice A.

De acordo com os magos medievais, cada planeta também está associado a um dia da semana específico:

- O domingo está relacionado ao Sol.
- A segunda-feira está associada à Lua.
- A terça-feira está relacionada a Tiw, a variante em inglês antigo de Tyr, o deus germânico da guerra. Os romanos o associavam ao deus Marte, e, consequentemente, *dies Marti* (Dia de Marte) se tornou *Tyrsdagr* (terça-feira).
- A quarta-feira é nomeada em homenagem a Woden e é regida por Mercúrio.
- A quinta-feira é nomeada em homenagem a Thor, o deus do trovão. Ele pode ser relacionado a Júpiter.
- A sexta-feira é nomeada em homenagem a Freya, a deusa do matrimônio. Não é surpresa que a sexta-feira seja relacionada a Vênus.
- O sábado é nomeado em homenagem ao deus romano do tempo, Saturno.

A primeira hora de cada dia começa quando o sol aparece no horizonte. Essa hora é regida pelo planeta do dia específico. Consequentemente, a primeira hora da terça-feira é regida por Marte, e a primeira hora do sábado é regida por Saturno. As outras horas do dia são dedicadas a cada um dos planetas em uma ordem característica, conhecida como ordem caldaica dos planetas.

Há cerca de 5 mil anos, a Mesopotâmia foi ocupada pelos caldeus, que tinham uma cultura fascinada pela astronomia e pela matemática. Muito do nosso conhecimento sobre a astrologia e a numerologia pode ser creditado a eles. Os caudeus perceberam que os planetas se moviam em velocidades diferentes; a ordem caldaica dos planetas é baseada na velocidade de cada planeta, conforme eles se movem pelo céu, começando com o planeta que se move mais lentamente e terminando com aquele que se movimenta mais rápido: Saturno, Júpiter, Marte, Sol, Vênus, Mercúrio e Lua. Isso significa que, no caso do sábado, começamos com Saturno regendo a primeira hora, seguido de Júpiter, Marte, Sol, Vênus, Mercúrio e Lua, antes de começar novamente com Saturno. No caso da quarta-feira, que é regida por Mercúrio, começamos a primeira hora do dia com Mercúrio, seguido de Lua, Saturno, Júpiter, Marte, e assim por diante.

Essa sequência é fácil de ser seguida, e você perceberá que ela se tornará automática depois de utilizá-la por um tempo. No entanto, ela se torna mais complicada pelo fato de que o dia e a noite não consistem em exatamente 12 horas cada um, o ano todo. Consequentemente, é necessário dividir o dia e a noite em 12 períodos iguais, que podem ter mais ou menos do que uma hora certa. No inverno, quando os dias são mais curtos, as horas diurnas têm menos do que 60 minutos, mas as horas noturnas são mais longas. É possível obter informações sobre os horários do nascer e do pôr do sol em almanaques astrológicos. Além disso, muitos jornais diários contêm essas informações em sua localidade. Os diferentes dias e horas planetários nos mostram os momentos corretos nos quais se deve trabalhar com talismãs para algum propósito.

Assim, por exemplo, se você quiser energizar um talismã para atrair amigos, provavelmente deve energizá-lo nas horas de Júpiter (e usar diversos símbolos que representam esse planeta no talismã), porque Júpiter é, entre outras coisas, associado à amizade. O apêndice A possui uma lista completa das correspondências planetárias. (Podemos levar tudo isso a um passo adiante, incluindo os 12 signos do zodíaco, e uma lista de correspondências zodiacais também é incluída no apêndice A.)

Talismãs Famosos

Determinados talismãs alcançaram fama, por causa de sua potência e sua eficácia demonstradas. Consequentemente, não é surpresa que histórias incríveis tenham sido criadas sobre alguns deles.

AGLA

As letras AGLA são um acrônimo para as seguintes palavras em hebraico: "Tu és poderoso para sempre, ó Senhor". Quando inscritas em um talismã, as letras AGLA o impregnam de poder divino. Na Idade Média, talismãs com essas letras eram usados para afastar a febre.

CÁLICE DE THOTH

Apesar do nome que soa como algo antigo, o Cálice de Thoth é um talismã relativamente recente, que se tornou popular por ser um talismã eficaz, que é fácil de ser preparado e utilizado. Thoth era o deus egípcio da sabedoria, do aprendizado e da magia. Não é surpresa que seu nome tenha sido associado a muitos aspectos do ocultismo. Aleister Crowley, famoso mago e ocultista do século XX, até mesmo denominou o baralho de tarô de *Livro de Thoth*.

Um cálice é uma taça, e geralmente se refere à taça usada para celebrar a Eucaristia cristã. Paulo refere-se ao "cálice da bênção que abençoamos" em sua primeira carta aos Coríntios (1 Coríntios 10:16). Na Idade Média, foi iniciada uma lenda que alegava que o cálice usado na Última Ceia era, na verdade, o Santo Graal. Houve muitas outras possibilidades sugeridas, mas a que acho mais intrigante é a que sugere que o Santo Graal era, na verdade, a própria Maria Madalena. Essa lenda afirma que ela era secretamente casada com Jesus e estava grávida na época da morte dele. Consequentemente, ela carregava em seu ventre o Santo Graal. Essa associação tanto com o amor quanto com a espiritualidade provavelmente explica como esse talismã obteve seu nome.

Em todo o mundo, a taça ou cálice simboliza amor e espiritualidade. O Cálice de Thoth tem como objetivo atrair amor e possui a vantagem de ser fácil de ser produzido e utilizado. Tudo o que você precisa fazer é desenhar dois cálices idênticos em uma folha de papel rosa. Desenhá-los em um tecido rosa, especialmente seda, é ainda melhor. Corte o papel ou tecido em dois e coloque uma dessas metades perto do seu coração, por baixo da sua roupa. O outro pedaço deve ser colocado em algum lugar fora do seu campo de visão, perto de onde o objeto de sua afeição passe a maior parte do tempo.

LEE PENNY

O romance *O Talismã*, de *Sir* Walter Scott, discorre sobre um famoso talismã chamado Lee Penny. Ele foi nomeado em homenagem a *Sir* Simon Lockhart de Lee, que tentou levar o coração de Roberto de Bruce à Terra Santa, mas não conseguiu. A lenda diz que *Sir* Simon recebeu o talismã como uma recompensa, após libertar um sarraceno de alto escalão. No entanto, apesar de interessante, essa história não pode estar correta. Lee Penny é uma pedra vermelha no formato de um coração, colocada dentro de uma moeda de prata inglesa chamada grosso. Essa era uma moeda comum na época do rei Eduardo IV, que reinou de 1461 a 1483, quase 200 anos após a época de *Sir* Simon Lockhart.

O poder e a reputação de Lee Penny eram tão grandes que, no século XVII, os burgueses de Newcastle pegaram emprestada a moeda para obter ajuda para curar uma praga no rebanho. Existe apenas um Lee Penny, e ele ainda é de propriedade da família Lockhart, na Escócia. A origem de seu poder inusitado é desconhecida.

MÃO DE FÁTIMA

A Mão de Fátima é um talismã árabe poderoso, que simboliza generosidade, hospitalidade e o poder benéfico de Deus. Os etruscos usavam o mesmo símbolo para representar a justiça e a equidade. Acredita-se que ele tenha sido redescoberto pelo Conde de Cagliostro, médico e alquimista italiano do século XVIII, em um antigo manuscrito que ele encontrou no Castelo de São Leo, no qual seu uso como um oráculo duplo foi explicado.[37]

A Senhora Fátima era filha do profeta Maomé. Sua mãe era Cadija, a primeira esposa do profeta. Quando ela cresceu, casou-se com Ali, primo de Maomé, e eles tiverem três filhos, Hasan, Husain e Muhain. Por causa de sua pureza, Fátima era conhecida como Al-Batûl (a dama pura ou virgem), até mesmo depois de se tornar mãe. Ela também era conhecida como Al-Zahra (floração brilhante). Maomé a considerava uma das quatro mulheres perfeitas. As outras eram sua esposa Cadija, a esposa do faraó e a Virgem Maria.

37. Anônimo, *The Encyclopedia of Occult Sciences* (New York: Tudor Publishing, 1939), p. 417.

O talismã da Mão de Fátima é formado pela mão direita (que é considerada a mão da honra), com cada dedo representando um membro da família de Fátima. O polegar simboliza Maomé; o dedo indicador, a Senhora Fátima; o dedo seguinte representa Ali, seu marido; e os últimos dois dedos simbolizam dois de seus filhos, Hasan e Husain. Os cinco dedos também simbolizam os Cinco Pilares do Islamismo: observar o jejum do Ramadã, fazer uma peregrinação a Meca, doar esmola aos pobres, realizar as orações necessárias e fazer a profissão de fé.

A Mão de Fátima foi desenhada de uma forma especial em manuscritos medievais (ver a ilustração a seguir). Essa adição posterior é de origem desconhecida, mas se tornou popular, pois permitiu às pessoas se entregarem a uma análise de caráter. A mão era dividida em partes, com cada parte contendo uma letra e um número correspondente. Um nome podia ser traduzido em números, e, então, os números podiam ser analisados com base em uma tabela de associações numéricas (ver páginas 51). Os exemplos a seguir mostram como isso funciona.

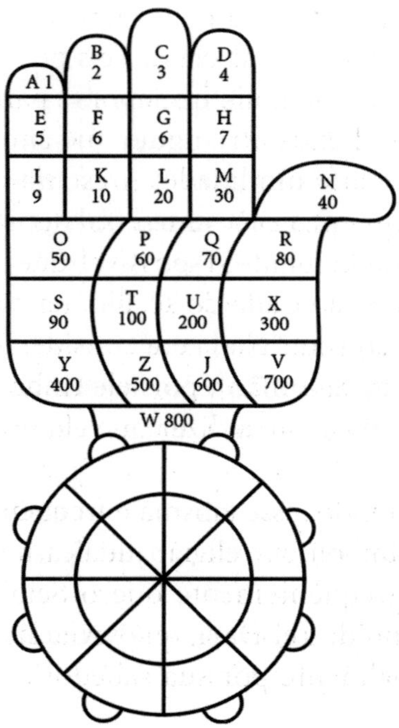

A Mão de Fátima

RUBI DO PRÍNCIPE NEGRO

O rubi do Príncipe Negro é uma pedra talismânica que vi há muitos anos na Jewel House, na Torre de Londres. No século XIV, o Príncipe Negro (Eduardo, príncipe de Gales) recebeu essa pedra de Pedro, o Cruel, rei de Castela, que se acredita ter assassinado o rei de Granada para obtê-lo. Cem anos depois, o rei Henrique V usou uma coroa com essa pedra fixada na Batalha de Azincourt. Durante a batalha, uma pessoa mirou um golpe na cabeça do rei. A coroa desviou o golpe, mas a parte dela que continha o rubi foi cortada no ataque. Não é surpresa que se acredita que a natureza talismânica do rubi tenha salvado a vida do rei.

Uma evidência disso é que o rei, sem dúvida, sabia das qualidades talismânicas do rubi. O rubi é associado a Marte, o planeta que rege a guerra, e acredita-se que ele ofereça proteção e sucesso em conflitos.

SELO DE SALOMÃO (ESTRELA DE DAVI)

Provavelmente o talismã mais famoso de todos seja o Selo de Salomão. Este é a conhecida estrela de seis pontas, criada por dois triângulos sobrepostos. O triângulo que aponta para cima representa o fogo, o céu e a masculinidade. O triângulo que aponta para baixo representa a água, a terra e a feminilidade. A estrela criada combinando esses opostos oferece uma proteção universal suprema para todos os que a utilizam. Consequentemente, é possível que Arthur Edward Waite, o renomado ocultista da virada do século, tenha atenuado o poder desse talismã quando escreveu: "Nada era considerado impossível para quem o possuía [o Selo de Salomão], pois ele tinha poder sobre todos os espíritos, o que é equivalente a dizer que ele representava uma poderosa força psíquica".[38]

Em todo o mundo, esse talismã é frequentemente conhecido como Estrela de Davi e simboliza a religião judaica, bem como a nação de Israel.

Acredita-se frequentemente que o Selo de Salomão remonte ao rei Salomão, o filho do rei Davi, que viveu no século X a.C. Salomão é lembrado principalmente por sua sabedoria, mas ele também era um

---

38. Arthur Edward Waite, *The Occult Sciences* (Secaucus, NJ: University Books, 1974), p. 111.

exorcista e mago experiente. Na verdade, esse talismã, provavelmente, é anterior ao rei Salomão em muitas centenas de anos, pois formas antigas dele foram encontradas na Índia.

Na Índia, o Selo de Salomão simboliza Vishnu, a segunda pessoa na trindade hindu (as outras pessoas são Brahma e Shiva). O Sol muitas vezes é colocado no meio dos dois triângulos, criando um talismã poderoso, que simboliza todos os sete planetas conhecidos pelos antigos. No Ocidente, o Tetragrama – o nome hebraico divino para Deus (ver página 50) – é muitas vezes inscrito no centro de um Selo de Salomão. As seis pontas dos triângulos denotam Saturno, Júpiter, Marte, Vênus, Mercúrio e Lua.

A Sociedade Teosófica, uma organização dedicada ao conceito de uma fraternidade universal da humanidade, adotou o Selo de Salomão para indicar a importância de seu trabalho.

Um exemplo interessante desse talismã pode ser encontrado no Museu de Wurtzburgo, na Baviera. A estrela de seis pontas está grosseiramente desenhada em um pedaço de pergaminho, com seis caracteres, que podem ser de natureza astrológica. Esse talismã foi encontrado no corpo do conde Anselm, bispo de Wurtzburgo e um talentoso alquimista, após sua morte, em 1749.

No hebraico original, a Estrela de Davi é denominada Escudo de Davi. Isso ocorre porque a estrela protegia as pessoas contra energias negativas.

SINOS

Os sinos têm sido usados como amuletos e talismãs desde quando eles foram inventados. Na Bíblia, podemos ler que sinos foram colocados na borda do manto de Arão, para servir como amuletos de proteção (Êxodo 28:33-35). O ferro era considerado o inimigo natural de Satanás, e também se acreditava que este ficaria assustado com os sons que os sinos reproduzem. Consequentemente, os sinos que convocam as pessoas à igreja também afugentam Satanás e seus ajudantes.

Por esse motivo, os sinos se tornaram artefatos talismânicos pessoais populares no período medieval. Eles eram colocados nos cavalos e nos brinquedos de crianças, para afugentar maus espíritos.

Um manuscrito do século XVIII na Bibliothèque de l'Arsenal, em Paris, descreve como produzir e utilizar um "sino necromântico de Girardius". O sino deve ser feito com uma liga de chumbo, estanho, ferro, ouro, cobre, mercúrio fixo e prata. Ele deve ser moldado no exato horário de nascimento, no aniversário da pessoa que o utilizará. Uma série de palavras deve ser inscrita no sino. A palavra "Jesus" é gravada no anel que é usado para prender o sino em seu suporte. Embaixo dele, na superfície externa do sino, é gravada a data completa da pessoa que o utilizará. A um terço do comprimento da parte lateral exterior do sino tem de ficar a palavra "Adonai". Embaixo dela, devem-se colocar os símbolos dos sete planetas. Próximo à base fica o Tetragrama (ver a seção "Tetragrama", abaixo, para uma explicação sobre este termo). Depois, esse sino precisa ser enterrado no meio de uma sepultura em um cemitério e deixado nela por sete dias. Após ser desenterrado, o sino pode ser usado por seu dono para fazer contato com os mortos.

TETRAGRAMA

O Tetragrama era um talismã popular na Idade Média, e acreditava-se que ele protegesse o usuário contra inimigos e atraísse boas relações, paz e uma vida longa.

O Tetragrama, literalmente "as quatro letras" em grego, são as quatro consonantes hebraicas (JVHV ou YWHW, dependendo da transliteração do hebraico para o alfabeto romano) que os escritores judeus antigos usavam como um substituto do nome impronunciável de Deus. O nome impronunciável pode ser derivado de uma palavra hebraica que significa "Aquele que é e será", que serviu como um substituto para o nome indizível de Deus. O Tetragrama é muitas vezes pronunciado como Yahweh ou (mais frequentemente, embora de forma incorreta) Jeová.

O talismã era geralmente produzido na forma de um pentáculo, com as cinco sílabas da palavra "*Tetragrammaton*" (Tetragrama) inscritas em cada canto.

Associações Numéricas

1. Paixão, determinação, sucesso.
2. Morte, desastre.
3. Intuição, misticismo.
4. Conhecimento, poder, aplicação.
5. Amor, riqueza, felicidade.
6. Trabalho, satisfação.
7. Pensamento, contemplação, inocência.
8. Amor à verdade e aos valores familiares.
9. Dor, sofrimento, reflexão.
10. Satisfação, progresso ascendente.
11. Sucesso depois de dificuldade.
12. Boa sorte, golpe de sorte.
13. Descrença, cinismo, negatividade.
14. Amor puro, devoção.
15. Beleza, adoração.
16. Amor, sexualidade, honestidade.
17. Inconstância, coquetismo.
18. Obstinação, estreiteza de visão.
19. Nenhuma leitura.
20. Decepção, lágrimas.
21. Cruel, grosseiro, turbulento.
22. Discreto, circunspecto, inescrutável.
23. Segredos, honroso, progresso lento.
24. Apatia, presunção, egoísmo.
25. Discernimento, perspicácia, frutífero.
26. Benéfico, valioso, útil.
27. Coragem, determinação, constante.
28. Ternura, amor, generosidade.
29. Nenhuma leitura.
30. Matrimônio, relacionamentos de longa duração, sucesso.
31. Aspiração, determinação, realização.
32. Pureza, modéstia, virtuoso.
33. Admirável, digno, honroso.
34. Resistência, tolerância, desconforto.
35. Força, vitalidade, boa saúde.
36. Inspirador, motivacional, hábil.
37. Bondade, tolerância, amor físico.
38. Ganância, falhas, desejo.
39. Nenhuma leitura.
40. Convívio, alegria, diversão.
41. Delitos, ofensa, falta de mérito.
42. Viagem, risco, sofrimento.
43. Piedoso, justo, espiritual.
44. Orgulho, ostentação, capacidade.
45. Imaginação, pensamento, fertilidade.
46. Abundância, afluência, rural.
47. Afortunado, longevidade, saúde.
48. Veredicto, sentença, decepção.
49. Nenhuma leitura.
50. Liberdade após confinamento.
60. Perda, solidão, isolamento.
70. Racional, lógico, científico.
80. Longevidade, restauração, saúde.
90. Sem discernimento, sem discriminação.
100. Sucesso, recompensa, glória.
200. Hesitação, indecisão, fraqueza.
300. Sereno, calmo, estoico.
400. Beleza, cultura, reação exagerada.
500. Recompensa, aceitação, honra.
600. Inimizade, má vontade, suspeita.
700. Firmeza moral, força, vitalidade.
800. Poder, glória, viagem.
900. Recompensa, poder, modéstia.
1.000. Sucesso absoluto.

Vamos supor que estamos analisando as qualidades de alguém chamado Bernard Seymour. Primeiro, descobrimos o valor numerológico do nome, usando as correspondências entre as letras e os números na Mão de Fátima (página 47).

B 2	S 90
E 5	E 5
R 80	Y 400
N 40	M 30
A 1	O 50
R 80	U 200
D 4	R 80

Isso nos dá um total de 1.067. Para propósitos de interpretação, esse número é dividido para criar 1.000, 60 e 7. Isso significa que Bernard alcançará um sucesso absoluto (1.000), após passar por perda, solidão e isolamento (60). Ele passará um bom tempo pensando e contemplando, e manterá um sentimento de inocência (7).

A seguir, temos outro exemplo, que mostra o que acontece quando o total passa de 1.999. O nome analisado é Xavier van Zutov.

X 300	V 700
A 1	A 1
V 700	N 40
I 9	
E 5	Z 500
R 80	U 200
	T 100
	O 50
	V 700

Isso totaliza 3.386. Como os números de interpretação não vão além de um possível 1.999, eliminamos dois dos milhares no nome de Xavier, o que nos dá um novo total de 1.386. Esse número é, então, decomposto em 1.000, 300, 80 e 6. Isso nos revela que Xavier, por fim, será extremamente bem-sucedido (1.000), com a ajuda de sua natureza serena, calma e estoica (300). Ele terá uma vida longa, abençoada com boa saúde (80), e alcançará uma grande satisfação por meio de seu trabalho e de sua carreira (6).

4

Patuás

Todo mundo quer ter sorte. Ao longo da história, as pessoas carregaram consigo patuás, na esperança de se tornarem mais interessantes e mais inteligentes e de obterem mais riqueza e boa fortuna.

Povos primitivos acreditavam que todos os infortúnios fossem causados por espíritos malévolos. No entanto, por sorte, todas as comunidades tinham um xamã, feiticeiro, mago, curandeiro ou sacerdote que era capaz de neutralizar os maus espíritos, recitando ou entoando cânticos ou canções.

Encantamentos proferidos ainda eram recitados no período medieval. Um encantamento que supostamente curava um nariz que estivesse sangrando era fazer o sinal da cruz por três vezes e, então, recitar o Pai-Nosso por três vezes. Depois, a pessoa que estivesse sofrendo disso deveria recitar a Ave Maria e, então, repetir as palavras "Max, Hackx", "Lyacx", "Iseus" e "Christus".

Um encantamento proferido, menos complicado, era usado para ajudar as pessoas que sofriam de epilepsia. Era preciso segurar a mão da pessoa afligida e sussurrar em seu ouvido: "Eu te conjuro pelo Sol e pela Lua, e pelo Evangelho do dia entregue por Deus a Humberto, Egídio, Cornélio e João, para que levantes e não caias mais".[39]

Francis Barrett, autor e cabalista do século XIX, acreditava fortemente no poder das palavras e afirmava que tinha causado "chuvas terríveis e trovões", ao proferir determinadas expressões. Ele escreveu: "Quase todos os encantamentos são impotentes sem palavras, porque

39. Thompson, *Amulets, Talismans and Charms* (ver nota 9), p. 11-15.

as palavras são o discurso do orador, e a imagem da coisa significada ou falada; portanto, independentemente do efeito incrível pretendido, que eles sejam realizados com a adição de palavras significativas da vontade ou do desejo do operador". Barrett incluiu um encantamento para os seus leitores, com o objetivo de interromper um "fluxo de sangue". Ele estava tão certo do sucesso desse encantamento que escreveu: "Eu ouso dar a minha vida pelo sucesso e pela cura completa". A pessoa que for proferir as palavras tem de segurar a mão do paciente e dizer: "No sangue de Adão, surge a morte – no sangue de Cristo, a morte é extinta – no mesmo sangue de Cristo, eu ordeno, ó sangue, que pares de fluir!".[40]

Gradativamente, as pessoas perceberam que um encantamento proferido ou entoado era essencialmente efêmero. Um objeto sólido era permanente, e, por consequência, pequenos objetos, principalmente aqueles que tiveram contato com algo especial, tornaram-se conhecidos como patuás. Por exemplo, um objeto pertencente a um santo ou segurado por ele se tornaria um patuá extremamente eficaz. A expressão "tocar na madeira" está relacionada a isso. Quando as pessoas tocavam uma lasca da madeira que elas acreditavam ser originada da cruz de Jesus, elas se sentiam afortunadas e abençoadas.

Os patuás têm como objetivo trazer boa sorte. A riqueza ou o *status* de uma pessoa não têm influência sobre isso. Até mesmo John D. Rockefeller carregava uma pedra da sorte consigo em todos os lugares para onde ia.[41]

Um Catálogo de Patuás

Quase tudo o que você se der ao trabalho de imaginar já foi usado ou carregado como um patuá de boa sorte, em um ou em outro momento. A seguir, são descritos alguns dos patuás mais conhecidos. Muitos desses patuás também serviram como amuletos ou talismãs, em diversos momentos da história.

40. Francis Barrett, *The Magus* (London: Lackington, Allen, 1801), p. 30.
41. Emily Gwathmey, *Lots of Luck: Legend and Lore of Good Fortune* (Santa Monica, CA: Angel City Press, 1994), p. 14.

ABELHA

Acredita-se que usar um patuá de abelha seja um sinal de boa sorte. Se uma abelha entrar em casa e relutar para sair, isso é considerado um sinal de que um visitante está a caminho. Também é um sinal de boa sorte se uma abelha voar para dentro de sua residência e, então, partir. No entanto, é considerado má sorte quando uma abelha morre dentro de casa.

Em uma época, acreditava-se que as abelhas fossem mensageiras dos deuses. A chamada "sabedoria das abelhas" provavelmente está relacionada a isso.

ANKH

O *ankh* é um objeto egípcio antigo que simboliza a vida em todas as suas formas, especialmente a vida eterna. Na verdade, ele algumas vezes é denominado cruz da vida. É formado por uma cruz em formato de T com uma alça oval em cima. Os faraós muitas vezes eram retratados segurando um *ankh*.

Ele é um patuá que simboliza a vida e previne enfermidades e doenças. (Ver também a página 30)

ARANHA

Sempre foi um sinal de sorte ver uma aranha. Na Inglaterra, por exemplo, acreditava-se que, se uma aranha pousasse em sua roupa, dinheiro estava chegando no seu caminho. Ao contrário, é considerado má sorte matar uma aranha.

Presume-se que usar um patuá de aranha ofereça proteção contra problemas inesperados. Esse patuá também confere astúcia e perspicácia financeira a quem o utiliza.

AZEVINHO

O azevinho está estreitamente relacionado ao matrimônio. Consequentemente, acredita-se que utilizar um patuá de azevinho ajude a atrair o parceiro ideal. Usá-lo depois de se casar garante que o relacionamento seja feliz. Acredita-se também que deve ser colocado um patuá de azevinho debaixo do travesseiro sempre que se estiver passando por problemas conjugais. Se você fizer isso, terá sonhos agradáveis, que o ajudarão a solucionar a adversidade enfrentada.

O azevinho era considerado um símbolo de amizade na Roma Antiga, e as pessoas o enviavam umas às outras como um presente. O azevinho gradativamente se tornou associado ao amor e, por fim, ao matrimônio. Com o tempo, os cristãos o adotaram, pois suas folhas espinhosas lembravam a coroa de espinhos que Jesus usou, e as frutas vermelhas simbolizavam o sangue que Jesus derramou.

BOLOTA

Um patuá de bolota simboliza vigor, poder e energia. Ele pode ajudá-lo a alcançar os seus objetivos a longo prazo, tornando o caminho adiante mais tranquilo do que seria o caso de outra forma. (Ver também a página 30)

BORBOLETA

Patuás de borboleta significam boa saúde e felicidade. As borboletas simbolizam o verão, com todas as suas liberdades e alegrias. Usar um patuá de borboleta mostra que você possui um senso de brincadeira e diversão. No Oriente, enfeites e patuás de borboleta indicam um desejo de uma vida longa e feliz. Tradicionalmente, era considerado um bom sinal se uma borboleta branca pousasse por perto. Por outro lado, uma borboleta amarela indicava uma doença.

BOTÃO

Acredita-se que um botão reluzente atraia novos amigos. Se alguém lhe der um botão, isso é considerado um sinal de amizade para a vida toda. O melhor botão a ser usado como um patuá é algum que você encontrar, mas qualquer botão pode funcionar. Minha avó possuía uma grande coleção de botões, que ela mantinha em uma lata. Ela balançava os botões dentro da lata sempre quando sentia que precisava de sorte. (Ver também a página 31)

CÃO

O cão é considerado o melhor amigo do homem há aproximadamente 20 mil anos. Sua natureza amigável, adorável e misericordiosa o torna, possivelmente, nosso animal doméstico mais amado. Essas qualidades também são transmutadas em um patuá ou pingente de cão. Usar um patuá de cão significa que você se sentirá protegido em todos os momentos.

CAVALO

Os patuás de cavalo variam em seu significado, dependendo de sua cor. Um cavalo branco atrai boa sorte, enquanto um cavalo preto traz mistério. Nenhum é considerado melhor do que o outro.

Patuás de cavalo simbolizam força e coragem. No Oriente, cascos de cavalos eram usados como patuás nas casas das pessoas, pois simbolizavam um *status* elevado. Isso acontecia porque alguém que andava em uma carruagem puxada por cavalos era obviamente importante.[42] O cavalo também é um dos 12 signos do horoscopo chinês, e simboliza felicidade e uma carreira de sucesso.

CORAÇÃO

O coração é considerado a morada da alma desde os tempos egípcios. Uma vez que a alma deixa o coração, o corpo morre. Muitas crenças supõem que os corações serão pesados no Dia do Julgamento, e apenas as pessoas com um coração perfeito terão permissão para prosseguir para a vida após a morte. Atualmente, o coração é tido como um símbolo do amor puro, e, quando dois amantes trocam esse patuá, significa que eles estão entregando seus corações um para o outro.

CORNUCÓPIA

A cornucópia, ou chifre da abundância, é um patuá antigo que traz boa sorte e abundância para todos os que o utilizam. Acredita-se que seus usuários sempre terão o suficiente de tudo. Aquilo de que eles precisam se torna disponível quando solicitado.

42. W. Eberhard, *The Local Cultures of South and East China* (Leiden: E. J. Brill, 1968), p. 132.

As cornucópias são geralmente feitas de prata ou ouro e são usadas ao redor do pescoço em uma corrente. Conchas no formato de chifres algumas vezes também são utilizadas como cornucópias.

CORUJA

A coruja é um patuá para melhorar a sabedoria, o conhecimento e o bom senso. A expressão "sábio como uma coruja" é proveniente disso. As corujas eram comuns em Atenas, cidade que era simbolizada pela coruja. Em Roma, era considerado um mau presságio ver uma coruja durante o dia. O motivo disso é porque as corujas são noturnas e não devem ser vistas durante no período diurno.

Patuás de coruja são tradicionalmente usados para proporcionar bom senso e erudição. No entanto, algumas pessoas acreditam que a situação financeira seja melhorada se for carregado um patuá de coruja dentro ou perto da carteira ou da bolsa.[43]

DENTE DE TEXUGO

Apostadores já costuraram um dente de texugo dentro do bolso direito de seus coletes para ter sorte nos jogos de cartas.

ESCARAVELHO

O escaravelho é possivelmente o patuá egípcio mais conhecido. Centenas de milhares de patuás de escaravelho foram produzidos durante um período de 2 mil anos.[44] O escaravelho, ou besouro rola-bosta, usa suas patas posteriores para rolar bolas de esterco para sua toca subterrânea, a fim de se alimentar. Como ele não consegue ver para onde está indo, muitas vezes segue uma rota tortuosa sobre inúmeros obstáculos. O trabalho árduo do besouro lembrava os antigos egípcios da jornada diária do Sol pelo céu. Os ovos dentro do esterco, por fim, chocam-se, simbolizando a criação.

O escaravelho é usado como um patuá para boa saúde e virilidade. Ele também significa ressurreição, regeneração e nascimento.

---

43. Bob Hartford, *The Pocket Encyclopaedia of Lucky Charms* (Surry Hills, Australia: Page Publications, n.d.), p. 42.
44. Andrews, *Amulets of Ancient Egypt* (ver nota 7), p. 50.

ESPADA DE DINHEIRO

A espada de dinheiro tradicional chinesa, feita com moedas e fio vermelho, tornou-se um patuá popular novamente, graças ao interesse crescente pelo feng shui em todo o mundo. Muitas espadas eram tradicionalmente penduradas em cima da cabeceira da cama, apesar de elas poderem ser colocadas em qualquer lugar. Este é um patuá para atrair prosperidade e boa sorte.

FÊNIX

A lenda grega da fabulosa fênix é bem-conhecida. De acordo com a lenda, esse pássaro, após viver por centenas de anos, faz um ninho de especiarias e, depois, coloca fogo nele, batendo suas asas. O pássaro queima até virar cinzas, mas, depois, retorna à vida. Muitos alquimistas usaram a fênix como seu símbolo, e ela também é utilizada para simbolizar a ressurreição. Como um patuá, é usada para simbolizar renovação, novos começos e uma nova vida.

FERRADURA

As ferraduras são patuás clássicos. Apesar de você poder comprar uma ferradura, é muito melhor encontrar uma. Tradicionalmente, uma ferradura deve ser pendurada acima da porta da frente para garantir que a boa sorte permaneça dentro da casa. O formato crescente de uma ferradura é considerado protetor. Acreditava-se também que as ferraduras detinham bruxas e o demônio – talvez porque elas fossem pregadas com sete pregos, e o número 7 sempre foi visto como um número espiritual. (Até mesmo os pregos de ferro usados para pregar as ferraduras são considerados patuás ou amuletos – ver página 15)

A forma como você pendura uma ferradura da sorte é um assunto de certa importância. Eu sempre pensei que os ferreiros fossem as únicas pessoas que podiam pendurar as ferraduras com as pontas viradas para baixo, e que todas as demais tinham de pendurá-las apontando para cima. Isso lhe possibilita manter a boa sorte dentro dos lados da ferradura, enquanto o afortunado ferreiro pode permitir que a boa sorte flua livremente em suas instalações. No entanto, agora sei que existem duas escolas de pensamento sobre a forma como a ferradura deve ser pendurada em uma casa. Se a ferradura estiver apontada para cima, acredita-se que a sorte ficará contida dentro do formato de arco. Crê-se também que esse formato sugue o demônio para dentro e previna que ele entre na casa. Se você pendurar a ferradura para baixo, ela se torna um ímã que atrai boa sorte. Contudo, as pessoas que preferem colocar a ferradura apontando para cima dizem que as ferraduras apontadas para baixo deixam a sorte se esvair. O ponto de vista oposto é que uma ferradura apontando para baixo permite que um fluxo contínuo de boa sorte irradie sobre os moradores. Independentemente da forma como você decidir pendurá-la, a ferradura que traz mais sorte é aquela que encontra por acaso. Acredita-se que ela contenha muito mais sorte do que uma ferradura que é adquirida.

FOLHAS

As folhas sempre foram usadas como patuás pelas pessoas que moram no campo. O trevo-de-quatro-folhas é um exemplo óbvio, mas existem muitos outros. Uma folha de trevo garantia boa fortuna. Chapéus dos desejos, feitos de folhas e galhos de aveleira, foram utilizados em muitos países europeus. Acreditava-se que, se você os usasse, o seu desejo seria concedido. Supunha-se que usar uma coroa de alecrim melhorava a memória. As pessoas também presumiam que pudessem superar obstáculos se carregassem consigo um ramo de erva-de-são-joão.

Acredita-se que um patuá exibindo uma série de folhas proteja contra males menores, especialmente durante o inverno. Isso acontece porque as folhas simbolizam vigor e boa saúde.

GATO

Os gatos têm uma história interessante, sendo tanto venerados quanto odiados em épocas diferentes. Os antigos egípcios consideravam os gatos sagrados, e era uma ofensa capital matar um gato. Na mitologia nórdica, Freya, a deusa do matrimônio, andava em uma carruagem puxada por gatos. Em uma tentativa de erradicar as crenças pagãs, os cristãos chamavam Freya de bruxa. Evidentemente, os gatos que a acompanhavam também foram condenados, e as pessoas passaram a acreditar que eles agissem pelos poderes das trevas. É por esse motivo que, até mesmo atualmente, a impressão popular de uma bruxa é aquela de uma velha senhora acompanhada por seu demônio, um gato preto. Por sorte, a reputação dos gatos melhorou gradativamente. Soldados que voltaram das Cruzadas trouxeram com eles, sem querer, ratos pretos, e a praga que os ratos instauraram assolou a Europa. De forma inesperada, os gatos se tornaram necessários novamente.

Por causa de sua sensibilidade incrível, de sua indiferença e de sua paixão pela noite, os gatos sempre foram considerados mediúnicos.[45] Acredita-se que eles consigam sentir as energias invisíveis que as pessoas não conseguem detectar. Consequentemente, um patuá de gato proporciona essas qualidades especiais. Acredita-se que um patuá de gato multicolorido atraia boa sorte em abundância.

No Japão, o gato Maneki-neko é um patuá famoso, que é utilizado por donos de lojas para atrair dinheiro. O Maneki-neko é um gato de porcelana que fica sentado com uma pata levantada para o alto, como se estivesse acenando. Na realidade, o gato está chamando riqueza. Você provavelmente já viu exemplos dele em restaurantes chineses e em outros lugares que vendem produtos asiáticos.

JABUTI E TARTARUGA

No Oriente, o jabuti simboliza longevidade. Amuletos de jabuti que remontam ao período Neolítico foram encontrados no Egito, tornando-os alguns dos objetos mágicos mais antigos de todos.[46]

Quando utilizado como um patuá, o jabuti proporciona paciência, estabilidade e longevidade.

JOANINHA

Broches ou um *botton* de joaninha são enfeites bonitos, também usados como patuás para atrair boa sorte e prosperidade. Considera-se má sorte matar uma joaninha. A joaninha sempre teve associações sagradas, e isso fica aparente por causa dos diferentes nomes que esse inseto possui em vários países.

---

45. Richard Webster, *Is Your Pet Psychic?* (St. Paul, MN: Llewellyn Publications, 2002), p. 15-33.
46. Budge, *Amulets and Superstitions* (ver nota 8), p. 134.

Existe uma tradição que associa a joaninha à Virgem Maria. Na Idade Média, a joaninha recebeu seu nome atual em inglês, "*ladybug*". Nessa época, esse besouro era consagrado à Virgem Maria e era conhecido como "besouro de Nossa Senhora".[47]

As origens da antiga canção de ninar a seguir são desconhecidas, e ela apareceu pela primeira vez na forma impressa em cerca de 1744.

Joaninha, joaninha,
Voe para casa,
Sua casa está em chamas
E seus filhos se foram todos;
Todos exceto um
É a pequena Ann
E ela se arrastou para baixo
Da panela de aquecimento.

Essa canção tem sido interpretada de diversas maneiras. Na Alemanha, acredita-se que essa música tenha sido originalmente um encantamento para ajudar o Sol a passar pelo pôr do sol. A casa em chamas simbolizava o céu vespertino vermelho. Os rosacruzes acreditam que essa canção esteja relacionada a Ísis, uma divindade egípcia, e eles também a associam ao escaravelho egípcio.[48] A explicação mais provável para essa canção tradicional é a queima típica das plantações de lúpulo após a colheita. Ela limpava os campos, mas matava muitas joaninhas durante o processo.

LAGARTO

O lagarto é geralmente encontrado em anéis, apesar de ele também ser usado como broche ou pingente. Em Portugal, lagartos de porcelana são colocados nas paredes das casas para atrair boa sorte. O lagarto é geralmente utilizado como um patuá para melhorar a visão do usuário. Isso acontece porque a cor verde-esmeralda do lagarto simboliza a joia esmeralda, que sempre se acreditou que melhorasse a visão.

47. Vinci, *Talismans, Amulets and Charms* (ver nota 17), p. 45.
48. Iona e Peter Opie (eds.), *The Oxford Dictionary of Nursery Rhymes* (Oxford: Oxford University Press, 1952), p. 263-264.

LEQUE

Acredita-se que um patuá no formato de um leque conceda ao usuário confiança e autoridade. Ele também oferece proteção. A história do leque mostra como ele passou a simbolizar confiança e autoridade. No Egito Antigo, os servos ficavam atrás de convidados importantes e os abanavam com grandes leques de papiro. Como apenas as pessoas ricas e relevantes podiam empregar servos para abanar leques, o leque passou a indicar prestígio e riqueza, e isso, evidentemente, proporciona confiança e autoridade.

MANDRÁGORA

A planta mandrágora possuí raízes no formato de um nabo, que muitas vezes são bifurcadas, resultando na aparência de duas pernas, o que faz com que elas pareçam um ser humano. Ela tem sido usada como afrodisíaco e narcótico por milhares de anos. É denominada de afrodisíaco na Bíblia, em Gênesis (30:14) e neste verso dos Cânticos de Salomão (7:11-13):

> Venha, meu amado, vamos para o campo e passemos as noites nas aldeias;
> vamos sair cedo para as vinhas, e ver se as videiras brotaram, se os botões já floresceram e se as romãs estão em flor. Ali eu lhe entregarei o meu amor.
> As mandrágoras exalam perfume, e, às nossas portas, estão todos os frutos escolhidos, tanto frescos quanto secos, os quais reservei para você, ó meu amado.

A mandrágora se tornou um patuá na Idade Média, quando se acreditava que ela pudesse proporcionar riqueza, felicidade e fertilidade. Raízes inteiras algumas vezes eram carregadas em um cordão ao redor do pescoço, porém, mais comumente, pequenas imagens eram feitas das raízes e usadas como patuás.[49]

49. Budge, *Amulets and Superstitions* (ver nota 8), p. 490.

MÃO

Sempre se considerou que as mãos trazem sorte. Para um benefício máximo, a palma da mão deve estar claramente visível em um patuá no formato de uma mão. A palma impede que qualquer mal o alcance, afastando-o. Um patuá de mão também lhe permite receber o que é seu por direito.

Uma mão com o dedo indicador e o dedo médio estendidos, mas o polegar, o dedo anelar e o dedo mínimo fechados, é um sinal de bênção. Em algumas partes do mundo, uma mão com apenas o dedo indicador estendido é considerada uma proteção contra o mau-olhado (ver página 23).[50]

Curiosamente, em determinada época, considerava-se que as mãos decepadas de pessoas mortas trouxessem sorte. Ladrões costumavam tocar a mão de um bandido morto, acreditando que ela concederia a eles boa fortuna. A mão direita do padre Edmund Arrowsmith, sacerdote católico executado na Inglaterra em 1628, é preservada na Igreja de Santo Osvaldo, em Ashton, na Inglaterra, e atrai peregrinos até os dias de hoje. Os peregrinos tocam a mão, acreditando que ela seja capaz de curar uma série de doenças e sofrimentos.[51]

MARGARIDAS E DENTES-DE-LEÃO

A margarida comum é associada ao amor e ao romance. É por esse motivo que as pessoas ainda pegam uma margarida e removem as pétalas uma por uma, enquanto recitam: "Bem me quer, mal me quer", até chegarem à última pétala. Eu me lembro de fazer isso com dentes-de-leão, em vez de com margaridas. Nós soprávamos o dente-de-leão até toda a sua cobertura de pétalas se soltar. Cada sopro era associado a "Bem me quer, mal me quer". Outra versão disso era fechar os olhos, fazer um pedido e, então, soprar com força o dente-de-leão. Se todas as pétalas se soltassem com um sopro, o desejo seria concedido.

Acredita-se que usar um patuá de margarida ou de dente-de-leão atraia o parceiro ideal.

50. Budge, *Amulets and Superstitions* (ver nota 8), p. 468.
51. Thompson, *Amulets, Talismans and Charms* (ver nota 9), p. 16-17.

MEDALHA DE SÃO CRISTÓVÃO

Este patuá bem conhecido protege os viajantes. São Cristóvão, o santo padroeiro de todos os viajantes, foi um mártir cristão do século III. A lenda diz que Cristóvão vivia perto de um rio e muitas vezes ajudava os viajantes a fazerem a travessia. Um dia, ele carregou uma criança pelo rio. A criança se tornou cada vez mais pesada, e Cristóvão mal conseguiu chegar ao outro lado. Quando ele comentou sobre isso com a criança, ela lhe disse que Cristóvão tinha acabado de carregar todo o mundo e seus pecados em seus ombros. O rio era o Rio da Morte, e a criança que ele carregou era o Cristo. Seu nome é proveniente da palavra latina *christophorus*, que significa "aquele que carrega o Cristo". A medalha de São Cristóvão retrata o santo carregando a criança.

MOEDA

Uma frase popular diz que uma moeda da sorte pode ser qualquer moeda que você possuir. Na verdade, uma moeda da sorte é qualquer moeda que você encontrar, e a melhor de todas para se achar é uma que tenha sido cunhada no ano do seu nascimento. Você pode transformá-la em um pingente ou, simplesmente, guardá-la no seu bolso ou na sua bolsa. Independentemente da forma como carregá-la, ela atrairá boa fortuna a você. Outras datas são consideradas propícias para as moedas. Por exemplo, se a data na moeda for de um ano bissexto, acredita-se que ela dê duas vezes mais sorte. Mantenha essas moedas na cozinha, e elas proporcionarão uma boa sorte inesperada. No entanto, cuide bem da sua moeda da sorte, pois se acredita que a sorte mude para pior se ela for perdida.

As moedas são conhecidas por trazerem sorte não apenas para indivíduos, conforme demonstra este exemplo. Singapura é um dos meus países favoritos, visito esse país frequentemente. Aprendi pela primeira vez sobre *feng shui* em Singapura, no final dos anos 1960. Por causa do meu interesse por *feng shui*, não fiquei de modo algum surpreso quando Singapura lançou uma moeda de dólar octogonal. Esse formato, conhecido como *pa-kua* (baguá), indica os quatro pontos cardeais, além dos quatro pontos intermediários. Ele é importante no *feng shui*, pois os oito trigramas do I Ching são colocados ao redor desse símbolo octogonal.

Esse *pa-kua* é um dos recursos mais importantes no *feng shui*, pois se acredita que ele evite e afaste influências negativas. Consequentemente, o octógono, com oito lados, é considerado um símbolo da sorte, e uma moeda com oito lados é evidentemente vista como um patuá.

A moeda de dólar foi lançada nos anos 1980, quando a economia de Singapura estava em declínio, por causa da construção do sistema de transporte ferroviário coletivo. Uma história popular em Singapura, que pode ser ou não verdadeira, é que o então primeiro-ministro, Lee Kuan Yew, foi aconselhado por um especialista em *feng shui* a lançar a moeda, para evitar os efeitos negativos causados pela construção dos túneis da linha ferroviária. A economia deveria melhorar se todo mundo no país tivesse um *pa-kua*. A única forma de fazer isso era lançar a moeda de dólar octogonal. Infelizmente, isso não resolveu o problema, pois o octógono era guardado nos bolsos e nas bolsas das pessoas, em vez de ficarem à vista. (A solução final foi mudar o formato dos documentos dos impostos rodoviários de redondos para octogonais. Todo mundo deixa esses documentos visíveis em seus carros, e a economia começou a crescer novamente.) Um benefício adicional da moeda de dólar octogonal é que milhares de turistas a levam para casa como um suvenir de sua visita (neste momento, eu tenho uma moeda ao meu lado enquanto escrevo). A moeda *pa-kua* é definitivamente uma moeda da sorte para Singapura.

NAVIO

O navio é um antigo patuá cristão utilizado para proteger o usuário quando ele viaja pelas águas. Ele originalmente significava um navio que carregava os fiéis pelo mar da vida até a Terra Prometida. Consequentemente, esse patuá também era usado para proteger o indivíduo das tentações da carne, a fim de garantir que ele fosse salvo.

OLHO

Um patuá no formato de um olho direito proporcionará mais felicidade a você e também beneficiará os seus amigos. (Ver também a página 17)

ORELHA

Um patuá no formato de uma orelha é considerado de extrema sorte. As outras pessoas vão estar interessadas em escutar o que você diz, e você vai conseguir ouvi-las muito melhor do que antes. No entanto, certifique-se de que o patuá seja de uma orelha direita, pois isso significa que nada além de coisas boas serão ouvidas ou ditas sobre você.

OSSO DA SORTE

A fúrcula (mais conhecida como osso da sorte) de uma galinha ou de um peru é um patuá altamente eficaz, que proporciona boa fortuna. Obviamente, duas pessoas precisam fazer um desejo quando o osso da sorte é puxado. A pessoa que receber a extremidade coberta terá seu desejo concedido, mas a outra também receberá uma surpresa agradável em um futuro próximo. Você pode simplesmente carregar um osso da sorte intacto consigo como um patuá, se não tiver alguém com quem puxá-lo. (Não há necessidade de manter os pedaços quebrados do osso da sorte após ele ter sido puxado.)

PÁSSARO

Acredita-se que usar um patuá de um pássaro supra o usuário com entusiasmo e energia para a vida. Ele obterá felicidade de cada momento do dia.

Tradicionalmente, acreditava-se que os pássaros fossem capazes de conversar com os humanos. Na Bíblia, podemos ler: "Não amaldiçoes o rei nem em teu pensamento; e não amaldiçoes o rico nem em teu aposento; pois um pássaro do céu levará a voz, e o que tem asas falará sobre o assunto" (Eclesiastes 10:20). A famosa expressão "Um passarinho me contou" provavelmente foi originada disso.

PÉ DE COELHO

O pé de coelho é um patuá que simboliza fertilidade e boa sorte. O elemento da boa sorte vem da crença de que os coelhos nasçam com os olhos abertos, e isso lhes dê poder sobre o mau-olhado (ver capítulo

2).[52] As patas posteriores de um coelho tocam o chão antes das patas dianteiras. Há milhares de anos, as pessoas consideravam isso tão incomum que elas creditavam, aos pés posteriores, poderes mágicos.

Um patuá de pé de coelho deve ser sempre mantido no bolso esquerdo. Tradicionalmente, o melhor patuá de pé de coelho seria aquele que contivesse o pé posterior esquerdo de um animal que tivesse sido morto por uma pessoa estrábica na lua cheia.

O grande físico Niels Bohr foi questionado sobre o motivo de ter um pé de coelho amarrado na porta de seu laboratório. "Disseram-me que ele traz sorte, independentemente de a pessoa acreditar ou não nisso", ele respondeu.[53]

PEIXE

O peixe é um símbolo da Igreja Cristã, mas não é, de forma alguma, exclusivo a ela. Isso possivelmente surgiu porque a palavra grega para peixe, *ikhthus* (frequentemente também escrita como "*ichthys*" em inglês) cria um acrônimo das letras iniciais de "Jesus Cristo, Filho de Deus, Salvador" em grego. Isso também pode ser proveniente da alimentação dos 5 mil, descrita na Bíblia (João 6:9), ou talvez do fato de vários dos discípulos de Jesus serem pescadores.

Um patuá de peixe atrai riqueza, abundância e crescimento.

PENTAGRAMA

O pentagrama – também conhecido como pentáculo ou pé de feiticeiro – é uma estrela de cinco pontas. Ele é utilizado como um amuleto para proteger o usuário de influências malignas. Acredita-se também que ele simbolize os cinco sentidos, e, como pode ser dividido em três triângulos, algumas vezes é usado para representar a Santíssima Trindade. Da mesma forma, ele pode ser usado para simbolizar uma pessoa, com seus pontos representando uma cabeça, dois braços e duas pernas. O "Homem Vitruviano", um desenho famoso de Leonardo da Vinci que retrata as proporções do homem, é um bom exemplo. Ele consiste

52. Vinci, *Talismans, Amulets and Charms* (ver nota 17), p. 50-51.
53. Gwathmey, *Lots of Luck: Legend and Lore of Good Fortune* (ver nota 40), p. 32.

em um círculo, dentro do qual há um homem nu, com os braços e as pernas esticados. O círculo é um símbolo feminino de proteção, criando uma imagem da harmonia masculina e feminina.

Tradicionalmente, acredita-se que, quando a ponta única está virada para cima, o pentagrama seja um símbolo do bem (magia branca), mas, quando a ponta única está virada para baixo, ele seja um símbolo do mal (magia negra). O pentáculo é frequentemente utilizado em magia cerimonial, pois efetivamente bloqueia maus espíritos. Ele é um patuá contra o mal.

PÉROLA

As pérolas são valorizadas e reverenciadas há milhares de anos. Na Roma Antiga, elas eram tão apreciadas, que uma lei foi aprovada proibindo as pessoas abaixo de uma determinada classe de usá-las.[54] Pérolas pendem dos galhos da mística Árvore Kalpa hindu, e a pérola também é uma das nove joias no Nav-Ratna, o mais famoso e prestigiado de todos os talismãs hindus. No Islamismo, seis dos Sete Céus eram feitos de objetos preciosos, incluindo pérolas.[55]

Uma única pérola carregada no bolso ou na bolsa torna-se um patuá que ajuda a recuperar seu corpo físico e lhe confere paz de espírito. As pérolas proporcionam amor, respeito, bondade e simpatia. Acredita-se que as pessoas que as usam ou as carregam tenham vidas tranquilas e harmoniosas.

POMBA

A pomba sempre foi considerada um símbolo de pureza, e usar um patuá de pomba significa que você está se cercando de uma pureza que os outros vão perceber e respeitar.

RÃ E SAPO

Rãs e sapos, assim como gatos, são considerados demônios das bruxas. Existe uma antiga lenda que diz que os sapos carregavam pedras

54. Michael Weinstein, *The World of Jewel Stones* (London: Sir Isaac Pitman and Son, 1959), p. 71.
55. Kunz, *The Curious Lore of Precious Stones* (ver nota 14), p. 349.

preciosas na saliência de seu crânio ligeiramente acima do meio de seus olhos. Shakespeare menciona isso em *As You Like It* (II, i).

> Doces são os usos da adversidade,
> Que, assim como o sapo, feio e venenoso,
> Usa ainda uma joia preciosa na cabeça.

Antigamente, pessoas antiéticas vendiam "pedras de sapo", feitas de bórax e outras substâncias, como amuletos, que elas alegavam ser provenientes de sapos vivos, os quais prontamente expeliam suas pedras quando colocados em um pano escarlate.

As pessoas sempre viram as rãs e os sapos com uma mistura de fascínio e de medo. Suas peles pegajosas e sua habilidade de viver em dois hábitats ao mesmo tempo foram um fator para isso. Contudo, o fator principal eram seus olhos arregalados, frios e parecidos com joias, que intimidavam as pessoas. Não é surpresa que os indivíduos tenham creditado, às rãs e aos sapos, poderes sobrenaturais peculiares.

Antigamente, algumas pessoas acreditavam que as rãs contivessem a alma de crianças mortas.[56] No entanto, no Egito Antigo, as rãs eram consideradas tão importantes que elas eram embalsamadas após a morte. No século I d.C., Plínio, o Velho, concluiu que os patuás de rã atraem amigos e amor eterno. Desde então, rãs e sapos se tornaram patuás populares.

ROSA

Um patuá de rosa vermelha simboliza fé no amor. Contanto que você esteja sendo verdadeiro com seu parceiro, esse patuá o protegerá. Um patuá de rosa branca simboliza pureza no pensamento, na palavra e na ação.

SERPENTE

Acredita-se que usar um patuá de serpente ofereça proteção contra inimigos. Crê-se também que esse patuá ofereça ao usuário longevidade,

56. Potter, *Knock on Wood and Other Superstitions* (ver nota 12), p. 86.

inteligência e discernimento. Em uma época, ele era considerado mau, por causa da serpente no Jardim do Éden. No entanto, as pessoas passaram a perceber que os infortúnios de Adão e Eva foram causados por eles mesmos e que a serpente não podia ser culpada.

SUÁSTICA

Pode parecer surpreendente encontrar a suástica listada como um patuá de boa sorte. Todavia, até os tempos da Alemanha Nazista, a suástica era usada para atrair boa sorte, felicidade e longevidade. As direções indicadas pela suástica podem representar os quatro pontos cardeais, as quatro estações e até mesmo os quatro ventos. Em tempos pré-históricos, a suástica era utilizada em todo o mundo, incluindo por nativos americanos pré-colombianos, hindus, chineses, britânicos e etruscos. Os primeiros cristãos a usavam como um emblema secreto nos tempos romanos.[57]

A suástica deriva do sânscrito *su*, que significa "bem", e *asti*, que significa "estar".

TREVO-DE-QUATRO-FOLHAS

Se você pedisse para uma pessoa nomear um patuá, provavelmente ela diria: "Trevo-de-quatro-folhas". Esse patuá irlandês antigo tem sido tradicionalmente usado para atrair boa sorte, e seria difícil encontrar alguém que nunca procurou um. Acredita-se que, se você pegar um trevo-de-quatro-folhas em maio, desfrutará de boa fortuna por um ano todo.

Cada folha representa um aspecto diferente da vida – aspectos que são referidos neste verso antigo:

Uma folha para a fama,
Uma folha para a riqueza,
Uma para um amante fiel,
E uma para trazer uma saúde gloriosa,
Tudo isso no trevo-de-quatro-folhas.

57. Brasch, *The Supernatural and You!* (ver nota 10), p. 203.

Uma lenda antiga interessante diz que Eva levou consigo um trevo-de-quatro-folhas quando ela foi banida do Jardim do Éden.

Acredita-se que usar um trevo-de-quatro-folhas como um patuá afaste surpresas desagradáveis.

VISCO

Quando uma pessoa fica sob um visco, ela espera um beijo. O costume de se beijar sob um visco é originário da Escandinávia, onde inimigos que queriam se reconciliar se encontravam debaixo de um visco e trocavam um beijo de paz.[58] Existe uma lenda *viking* que conta como Friga, a deusa nórdica do amor, chorou quando seu filho, Baldur, foi ressuscitado. As lágrimas de Friga viraram bagas de visco branco. Atualmente, acredita-se que quem se beija sob um visco receba a proteção pessoal de Friga. Não demorou muito para todos perceberem que quaisquer duas pessoas podiam se beijar sob um visco, e uma tradição feliz se iniciou. Consequentemente, um patuá de visco é usado para atrair amor e romance.

Encontrando Patuás

Quase tudo pode ser usado como um patuá. Um objeto valioso que alguém lhe deu se torna um patuá de boa sorte extremamente poderoso, por causa das associações pessoais que ele oferece. A maioria dos patuás é adquirida pronta, mas você pode produzir os seus próprios patuás, se desejar. Assim como com os talismãs, produzir os seus próprios patuás proporciona uma grande quantidade de poder e energia adicionais.

Lojas de museus e joalherias são excelentes locais para procurar patuás apropriados, mas você pode os encontrar em todos os lugares, quando se tornar ciente deles.

Pulseiras com berloques de patuás ainda são populares e possibilitam que o dono use muitos patuás diferentes ao mesmo tempo. Recentemente, fui a um batizado no qual a bebê foi presenteada com uma pulseira repleta de berloques de patuás prateados em miniatura. Apesar

58. Webster, *Omens, Oghams and Oracles* (ver nota 24), p. 22-23.

de a criança ainda ter apenas alguns meses de idade, ela já possuía uma coleção de patuás!

Os patuás podem ser usados ou simplesmente carregados com você de uma forma conveniente. Eles não precisam estar visíveis para serem eficazes. Consequentemente, você pode colocar um patuá em uma roupa interior ou carregá-lo em sua bolsa ou carteira, se não quiser que outras pessoas o vejam.

5

Criando e Energizando Talismãs

Patuás e amuletos geralmente podem ser encontrados ou adquiridos, mas os talismãs quase sempre precisam ser produzidos. Isso ocorre porque eles são destinados a um propósito específico, e a mente, o corpo e as emoções do usuário estão todos envolvidos no processo de criação do talismã. Quando você produz seu próprio talismã, está se juntando ao rol de muitos magos famosos, como Cornélio Agrippa, Alberto Magno, Teofrasto, Paracelso e Pedro de Abano. Esses pioneiros consideravam os talismãs como uma das melhores maneiras de entrar em contato com forças espirituais e convencê-las a estar em conformidade com a vontade do mago. É fundamental lembrar-se de que os talismãs não são patuás ou simples enfeites, mas, sim, importantes ferramentas mágicas dedicadas a você e aos seus objetivos.

Concentrando-se no Poder da Sua Mente

Você precisa se manter concentrado no seu objetivo o tempo todo em que estiver trabalhando no seu talismã. A sua força de vontade e a sua intenção desempenham um papel essencial na criação de um talismã eficaz. A sua crença no poder do que você estiver produzindo também é indispensável. Se você duvidar do poder da sua mente, existe um experimento simples que pode ser feito para banir essas dúvidas.

Encha dois copos d'água de uma mesma fonte. Segure um dos copos e, silenciosamente, abençoe a água no copo. Tenha pensamentos agradáveis em relação à água por pelo menos 30 segundos. Descanse o copo e, então, pegue o segundo copo. Dessa vez, tenha pensamentos negativos no que que diz respeito à água que estiver segurando. Diga a ela o quanto você a odeia e a despreza. Faça isso por pelo menos 30 segundos. Após esse procedimento, tome um gole de cada copo. Apesar de a água ser da mesma fonte, a água abençoada terá um gosto muito melhor do que aquela que foi amaldiçoada. Uma forma alternativa de realizar esse experimento é pedir para alguém misturar os copos enquanto você não estiver olhando. Você deverá considerar fácil determinar cada um dos recipientes com seus respectivos líquidos.

A água pode ser afetada pelos seus pensamentos, assim como qualquer material que é utilizado para produzir talismãs: papel, pergaminho, madeira e metal. Ao pensar sobre o seu propósito final enquanto estiver trabalhando no talismã, você imbuirá o objeto da energia vital que é requerida para torná-lo eficaz. Em todos os aspectos da sua vida, o que você pensa e sente se manifesta e se torna realidade. Esse é o caso, principalmente quando emoções fortes estão envolvidas. Trata-se da lei de causa e efeito. Produzir um talismã permite que essa lei trabalhe para o seu próprio benefício.

Obviamente, você não pode confiar no talismã para fazer todo o trabalho por você, tornando os seus desejos uma realidade. Você ainda precisará trabalhar naquilo que deseja. O talismã lhe oferecerá auxílio e ajuda na tarefa, influenciando a sua mente subconsciente.

Algumas pessoas pensam que o talismã em si possui algum poder mágico peculiar. Esse não é o caso. Quando você produz e consagra um talismã, está energizando-o com uma energia magnética poderosa, que flui pelo talismã e em você. O poder está em você, em vez de no pergaminho ou no metal que compõe o talismã. O talismã é uma ferramenta que precisa ser usada com sabedoria e responsabilidade.

Os Elementos de um Talismã

Quatro elementos fundamentais são essenciais para o sucesso de qualquer talismã.

MATERIAL

É preciso pensar com cuidado a respeito do material que você escolhe utilizar. A aparência do talismã finalizado desempenha um papel em sua eficácia final. Um círculo de prata belamente esculpido parece muito mais mágico e poderoso do que o mesmo desenho rabiscado em uma folha de papel rasgada de um caderno. Vale a pena usar os melhores materiais que você puder encontrar quando estiver produzindo um talismã.

Os materiais usados para compor um talismã são uma parte importante do objeto finalizado. Os talismãs são geralmente feitos de pergaminho, papel velino ou metal. Tradicionalmente, o ouro era o metal escolhido, porém, hoje em dia, a maioria dos magos usa o cobre. O cobre é um bom substituto para o ouro, pois é relativamente barato e, como é maleável, é fácil de ser esculpido. Outros metais também são utilizados, dependendo das correspondências planetárias para o talismã específico (ver apêndice A).

Talismãs tradicionais tendem a aparentar serem mágicos, porque são geralmente inscritos em hebraico, em latim ou em um alfabeto mágico (ver apêndice E), além disso, contêm uma grande quantidade de simbolismo associado a seu propósito específico. Consequentemente, muitos talismãs são feitos de um material no qual é fácil escrever e desenhar. Pode ser usado papel, mas ele é um substituto fraco para materiais melhores e deve ser utilizado apenas para um talismã temporário. Papel de boa qualidade deve ser usado, até mesmo para talismãs temporários.

O pergaminho, que vem de fios de ovelha e cabra especialmente preparados para serem adequados à escrita, é outra opção. O papel velino, que é feito de pele bovina, é a melhor escolha, mas também a mais cara. Os talismãs também podem ser feitos de vidro, couro, osso ou qualquer outro material que você achar esteticamente agradável.

Independentemente do material, ele deve ser virgem, o que significa que ele não deve ter sido anteriormente utilizado para algum outro propósito. Muitos anos atrás, fiquei interessado na fabricação de papéis, principalmente porque isso me permitia criar o meu próprio papel, parecido com um pergaminho. Eu fiz a interessante descoberta de que os talismãs feitos de papel reciclado não pareciam ter tanto poder e energia quanto aqueles confeccionados de um papel que veio de uma fonte virgem, como as plantas.

Ainda mais importante do que a aparência é o fato de que tudo no universo vibra em uma determinada frequência. Consequentemente, quando estiver escolhendo materiais adequados, segure uma variedade de alternativas em suas mãos e veja qual parece ser a certa para você. Materiais distintos parecerão ser certos para você em diferentes momentos, dependendo do tipo de talismã que estiver criando.

DESIGN

Não existe limite em relação ao que você pode inscrever no seu talismã. Tradicionalmente, quadrados mágicos, sigilos, símbolos astrológicos e caracteres sagrados têm sido usados (vamos falar sobre isso e muito mais nos capítulos subsequentes). No entanto, você pode escrever qualquer coisa que lhe pareça certa no momento. Um breve poema ou oração pode ser aquilo de que precisa, e você pode escolher escrevê-lo em um alfabeto mágico (ver apêndice E) ou talvez em hebraico ou em latim. Geralmente, é uma boa ideia usar tanto palavras quanto símbolos, pois eles têm efeito sobre diferentes hemisférios no cérebro.

Lembre-se de que aquilo que você colocar no seu talismã será necessário no momento em que o produz e funcionará para você. Não é preciso nenhum dom artístico especial. Recorde-se também de que, apesar de os *designs* e as palavras serem de uma importância fundamental, eles não têm um poder real até o talismã ser energizado. Isso transforma o talismã em uma fonte de energia vibrante e poderosa, que funciona como um ímã, atraindo a ele os desejos e as vontades de seu dono. Falaremos sobre a energização dos talismãs em breve.

ENERGIA

Enquanto estiver produzindo e consagrando o seu talismã, você precisa se manter rigorosamente concentrado no seu propósito de elaborá-lo. Sua energia pessoal e sua intenção são essenciais para o sucesso do talismã. Você pode escolher um determinado momento do dia ou um dia específico da semana durante o qual trabalhará no seu talismã, pois isso acrescenta energias universais à sua própria energia. A combinação da energia pessoal com as energias universais cria um poder espiritual, tornando o talismã ainda mais eficaz.

CRENÇA

Não faz sentido produzir um talismã sem acreditar que ele funcionará para você. As nossas crenças sempre se manifestam em nossa vida. Por exemplo, se você acreditar profundamente que sempre será pobre, desenvolverá uma consciência sobre a pobreza que garantirá que sua crença se torne realidade e permanecerá pobre. A crença no seu talismã é fortalecida toda vez que você o vê ou o toca. Isso influencia sua mente subconsciente, que, então, atrai aquilo em que você acreditar.

Criando um Talismã

CONDIÇÕES

Para criar um talismã eficaz, você precisará de condições adequadas. Para alguns talismãs, determinados elementos astrológicos precisam estar no lugar, além das diretrizes gerais descritas a seguir.

Horário

Determine o horário certo para produzir seu talismã. Você pode não ter escolha sobre isso e ter de trabalhar nele em qualquer momento em que não será interrompido. No entanto, se puder, trabalhe nele nos horários planetários apropriados (conforme descrito no capítulo 3) ou utilize os horários a seguir como uma orientação.

- **Domingo:** das 11h às 13h.
- **Segunda-feira:** das 18h às 6h da terça-feira.
- **Terça-feira:** das 11h às 13h.
- **Quarta-feira:** das 6h às 8h.
- **Quinta-feira:** das 13h às 17h.
- **Sexta-feira:** das 6h às 8h.
- **Sábado:** das 15h às 17h.

Local

Escolha um local tranquilo, onde você não será interrompido. Certifique-se de que possui tudo aquilo de que necessita com antecedência, de modo a evitar interrupções enquanto estiver trabalhando no seu talismã.

Estado de espírito

Comece com alguns instantes em silêncio. Muitas pessoas fazem uma oração nesse momento, pedindo orientação divina e proteção. Você pode dizer algo como: "Deus Todo-Poderoso, por favor, ajude-me e guie-me durante o preparo deste talismã para [o propósito que você tiver em mente]. Eu tenho os motivos certos para fazer isso e espero e rezo para que ele beneficie a todos os envolvidos. Por favor, abençoe este talismã e todos os que forem influenciados por ele. Obrigado por sua ajuda e proteção. Amém".

Obviamente, você pode rezar para qualquer divindade que escolher. A maioria das pessoas que conheço faz uma oração a seu anjo da guarda, mas isso não é essencial. Você pode transmitir uma mensagem ao Criador do Universo ou à Força Vital Criativa, caso não tenha nenhuma divindade específica em mente. Ou pode optar por permanecer em silêncio até conseguir sentir as energias universais ao seu redor.

TRABALHANDO NO OBJETO

Estas diretrizes se aplicam a qualquer talismã que você escolher criar, pode ser um quadrado mágico do capítulo 7, um dos talismãs tradicionais ou algo completamente confeccionado por você. Você pode começar, porém, com o talismã astrológico descrito na página seguinte.

Quando se sentir pronto, pode começar a trabalhar no objeto que se tornará o seu talismã. Pense sobre os seus objetivos ao produzi-lo e visualize os benefícios que serão acumulados quando você tiver finalizado o talismã em sua posse. Mantenha-se concentrado nesses benefícios o tempo todo em que estiver trabalhando no seu talismã.

Não se preocupe com perfeição. Se você tiver pouca ou nenhuma habilidade artística, o seu talismã pode parecer rústivo e pronto. Isso não tem importância. Você está criando uma ferramenta mágica que o ajudará, e não uma obra de arte. Lembre-se de que todos nós devemos fazer o melhor que conseguirmos a todo o momento. O talismã que você criar será o melhor que pode fazer neste momento específico.

Se possível, inicie e finalize o seu talismã na mesma sessão. Se tiver de parar por algum motivo enquanto estiver trabalhando nele, faça outra oração pedindo proteção para si mesmo e para o talismã inacabado enquanto estiver afastado.

Você intuitivamente saberá quando parar. Conheço pessoas que produzem talismãs extremamente elaborados e consideram difícil largar suas ferramentas, pois elas querem continuamente fazer modificações no projeto. No entanto, até mesmo essas pessoas, por fim, percebem que fizeram tudo o que precisavam fazer.

Após finalizado, o talismã pode ser guardado em uma bolsinha feita de seda para ficar protegido de danos. A seda é usada porque ela mantém as energias dentro do talismã. Ela não é um bom condutor de poder espiritual. O talismã deve ser mantido em um lugar seguro ou carregado com você.

Quando o talismã for finalizado, ele precisa ser energizado antes de poder funcionar. A sua concentração e o seu foco enquanto estiver produzindo o talismã fazem com que ele esteja parcialmente energizado de qualquer forma, mas o processo de energização ainda é necessário, pois isso proporciona ainda mais poder e energia a ele. Quando você energiza o seu talismã, oferece-lhe o poder necessário para manifestar a sua vontade. Nós vamos falar sobre a energização mais adiante.

CRIANDO UM TALISMÃ ASTROLÓGICO

Agora, podemos usar o que aprendemos até este momento, a fim de criar um talismã astrológico para um objetivo específico. Para os propósitos deste exemplo, vamos supor que você seja de Gêmeos e queira receber mais reconhecimento pelo trabalho que realiza.

Você pode começar desenhando um círculo com 5 a 7 centímetros de diâmetro em um pergaminho ou em um pedaço de papel de boa qualidade. Consulte a tabela na página 152 do apêndice A para ver as várias correspondências para Gêmeos (podemos ver, na tabela, que o elemento para Gêmeos é o azougue, então, você também pode criar o talismã usando prata, se preferir). No centro do círculo, coloque algo que represente o seu signo. Você pode desenhar duas pessoas para representar os gêmeos ou usar o glifo que simboliza Gêmeos. Se desejar, pode desenhá-lo em amarelo, pois amarelo é a cor associada a Gêmeos. Como alternativa, pode escolher usar amarelo para o fundo do círculo. Como Mercúrio é o planeta associado a Gêmeos, você pode escolher desenhar um mensageiro alado acima ou abaixo do símbolo de Gêmeos.

Agora, você precisa pensar sobre o motivo de estar criando o talismã. Seu objetivo principal é obter mais reconhecimento. Consulte as tabelas no apêndice A. Essa é uma questão da décima casa. Consequentemente, você pode escolher desenhar uma pequena cabra (para simbolizar Capricórnio, que rege a décima casa) do lado direito ou esquerdo do símbolo de Gêmeos. Você pode desenhá-la usando preto ou marrom, pois essas são as cores de Capricórnio. O reconhecimento muitas vezes é associado a dinheiro (segunda casa) e carreira (sexta casa), porque as duas são casas de terra. Se esses fatores se aplicarem no seu caso, os símbolos que as representam (touro e virgem) devem ser acrescentados ao seu talismã, novamente usando as cores corretas. Se o reconhecimento estiver associado às suas relações com os outros, você pode acrescentar um aguadeiro para simbolizar a décima primeira casa.

Cada um dos planetas é auxiliado por um anjo, e você pode escrever o nome do anjo relevante (listado na tabela) em volta da circunferência do seu talismã. Todas as pessoas que buscam reconhecimento podem provavelmente escrever Cassiel (o anjo que auxilia Capricórnio) ao redor do talismã.

No lado inverso do talismã, você pode escolher escrever algo relacionado ao seu objetivo principal. Pode ser uma única palavra – "reconhecimento", neste exemplo –, ou você pode decidir escrever uma frase completa, como: "Eu me esforço muito no meu trabalho, e meu talismã me ajudará a receber mais reconhecimento pela contribuição que eu faço". Algumas pessoas preferem escrever essas mensagens em um alfabeto mágico, como o alfabeto tebano (ver apêndice E, página 174), para manter seus desejos secretos. Como alternativa, você pode desenhar uma imagem que simbolize, de alguma forma, seu objetivo. Sempre que olhar para a imagem, ela lhe fará se lembrar do propósito do talismã. (Eu não permito que outras pessoas manipulem os meus talismãs. Consequentemente, costumo escrever os meus objetivos em inglês, pois ninguém vai ver o que escrevi de qualquer forma.)

Outra alternativa é desenhar um quadrado mágico planetário relacionado ao seu objetivo. A pessoa que buscar mais reconhecimento provavelmente escolherá o quadrado mágico do Sol. (Ver capítulo 7 para mais informações sobre os quadrados mágicos e a página 131 para o quadrado mágico do Sol.)

OS SETE TALISMÃS TRADICIONAIS

Os talismãs mais conhecidos são aqueles relacionados aos sete planetas. Eles sempre foram feitos nos períodos astrológicos corretos, usando materiais específicos. Havia uma arte em criar e consagrar esses talismãs. Pessoalmente, prefiro criar talismãs associados especificamente a mim mesmo e às minhas necessidades, em vez de sempre seguir métodos tradicionais. Entretanto, magos do passado os criavam desse modo, porque eles os consideravam eficazes, e você pode querer seguir seus passos. Eu incluí detalhes sobre como produzir talismãs tradicionais no apêndice B. Saiba que os parâmetros astrológicos para consagrar esses talismãs são consideráveis. Se você não tiver experiência com cálculos astrológicos, pode consultar um astrólogo para descobrir o dia e o momento certos para produzir o talismã.

Energizando Seu Talismã

Produzir o objeto físico que se tornará seu talismã de trabalho é apenas metade da tarefa. Como você sabe, antes de o talismã funcionar para você, ele deve ser energizado. A seguir, será explicado exatamente quando e como seu talismã deverá ser energizado.

CONDIÇÕES

É importante energizar o seu talismã no instante certo. Ele não deve ser energizado na Lua minguante. O melhor momento para energizá-lo é logo após a Lua nova. Qualquer momento enquanto a Lua estiver crescente é bom.

Dependendo das condições meteorológicas, você pode trabalhar em um local fechado ou ao ar livre. É importante que você não seja interrompido, portanto, escolha com cuidado um lugar ao ar livre e certifique-se de que a temperatura esteja quente o suficiente. É difícil se concentrar quando se está tremendo de frio.

O ambiente em que você energizará seu talismã deve estar limpo, arrumado e quente. Você pode decorá-lo com flores, tapeçaria e qualquer outra coisa, para torná-lo confortável e adequado para a tarefa. Algumas pessoas sentem que não se deve energizar o talismã no mesmo ambiente em que ele foi criado. Eu concordo com isso – se você for energizar o talismã imediatamente após produzi-lo. No entanto, você pode usar o mesmo ambiente de forma segura, desde que passe pelo menos uma noite entre as etapas de produção e energização.

Sua própria pureza é importante para energizar o talismã com êxito. Tome um banho antes de energizar seu talismã. Use roupas soltas e recém-lavadas, pois isso enfatiza ainda mais a pureza. Você também pode energizar seu talismã sem usar roupas, se desejar (os praticantes de magia se referem a esse estado de nudez ritual como estar "revestido pelo céu"). Seu talismã será beneficiado ao ser exposto a muito mais dos seus campos energéticos quando você trabalhar sem roupas. Se você usar roupas, certifique-se de lavá-las de novo após o ritual, para torná-las novamente aptas ao uso cotidiano.

Caso deseje, acenda uma ou duas velas e queime um incenso enquanto energiza o seu talismã. As velas que você utilizar devem ser brancas ou da cor planetária correta (ver apêndice A). As velas são ferramentas poderosas usadas ao longo da história da magia. Apesar de serem frequentemente utilizadas como decoração, elas representam muito mais do que isso e podem desempenhar um papel importante ao energizar o seu talismã com êxito.

Você pode optar por colocar uma música leve de fundo, para ajudar a entrar no estado de espírito correto. Tome cuidado para não escolher uma música que possa causar distração. O benefício principal da música é que ela encobre quaisquer sons que possam vir de fora do ambiente.

Você pode energizar seu talismã usando sua própria energia pessoal, ou invocando a energia universal para energizar o talismã para você. As técnicas são as mesmas. No entanto, você precisa estar ciente do seu método preferido com antecedência, de modo que possa visualizar as energias necessárias vindas de você, da Mãe Terra ou de uma fonte divina. A seguir, são descritos alguns métodos para a energização.

MÉTODO DO MANÁ

O maná é a força vital ou o sopro da vida. Ele é conhecido em diversas culturas como qi, prana ou força vital. Ele é a energia espiritual divina, e não podemos sobreviver por muito tempo sem ele.

Os kahunas do Havaí acreditam que somos constituídos por três partes. Essas partes podem ser observadas como diferentes aspectos da nossa mente, mas os kahunas as visualizam como estando em partes distintas do corpo. O "eu superior" representa a nossa natureza espiritual e está imediatamente acima da cabeça. O "eu médio" é o lado do pensamento do nosso ser e está no cérebro. O "eu inferior" é o lado emocional e dos sentimentos da nossa natureza, e é encontrado no plexo solar. Se você desejar, pode associar esses três eus às mentes superconsciente, consciente e subconsciente.

Os kahunas acreditam que, a fim de alcançar um objetivo, precisamos primeiro pensar sobre ele ("eu médio"). Depois, necessitamos transmiti-lo com energia para o nosso "eu inferior", local onde ele é energizado com o maná (energia) e, então, transmitido para o "eu superior", onde se tornará uma realidade.[59]

Podemos usar grande parte da prática kahuna para energizar nossos próprios talismãs. Para começar, posicione-se com os pés separados, a cerca de 30 centímetros de distância. A parte de trás da sua mão direita deve ficar apoiada na palma da sua mão esquerda. O seu talismã deve ficar repousado na palma da sua mão direita, mantido no lugar pelo seu polegar esquerdo. Feche os olhos e respire profundamente pelo nariz. Sinta o maná vital entrando no seu corpo e adentrando totalmente em seus pulmões. Segure a respiração durante alguns segundos antes de

59. Para informações adicionais sobre o sistema kahuna, veja Richard Webster, *Pendulum Magic for Beginners* (St. Paul, MN: Llewellyn Publications, 2002), p. 179-200.

expirar lentamente. Respire profundamente por quatro ou cinco vezes, até sentir que o seu corpo esteja repleto de maná. Se você sentir que não está pleno de maná, respire normalmente por 30 segundos e, depois, respire profundamente por mais quatro ou cinco vezes.

Após fazer isso, sente-se em uma cadeira com encosto reto e visualize-se inundado de maná. Os kahunas se imaginavam repletos até transbordarem de água, que é o que eles usavam para simbolizar o maná. Você pode optar por se visualizar em um estado de bem-estar vibrante. A imagem que você cria não importa, contanto que sinta que o seu eu inferior está repleto até transbordar com a energia do maná.

Quando essa imagem estiver clara na sua mente, visualize uma explosão de energia partindo do seu plexo solar e subindo pelo seu corpo e fora da sua cabeça, formando um círculo energético logo acima dela. Os kahunas visualizam isso como um jorro de água, como se uma mangueira de incêndio tivesse subitamente sido aberta. Você pode observar isso como um vulcão de energia em erupção. Novamente, a imagem que visualizar não importa, contanto que saiba, sem qualquer sombra de dúvida, que transmitiu uma oferenda de um maná espiritual revitalizante para o seu eu superior.

Agora, seu eu superior está revitalizado e pronto para receber seu pedido. Vire sua mão direita, de modo que agora você feche as suas mãos com o talismã entre elas. Pense sobre a sua necessidade em relação ao talismã e sobreponha uma imagem dessa necessidade na esfera de energia acima da sua cabeça, em seu eu superior. Visualize isso pelo máximo de tempo que conseguir. Quando a imagem começar a desaparecer, faça o seu pedido em voz alta. Fale com confiança, como se o talismã já tivesse desempenhado a sua magia.

O passo final é agradecer ao seu eu superior por conceder o seu pedido. Espere alguns segundos antes de fazer isso. Concentre-se em sua respiração e, então, no momento em que parecer certo, diga: "Obrigado, eu superior, por energizar o meu talismã e conceder o meu pedido. Sou grato por todas as suas bênçãos sobre mim. Obrigado".

Agora, seu talismã está energizado e pronto para ser utilizado. Você provavelmente sentirá uma diferença no seu talismã após ele ser energizado. Carregue-o consigo, confiante de que ele agirá por você a cada minuto do dia.

MÉTODO DA DEDICAÇÃO

Para este método, você precisará de um altar. Uma mesa ou uma estante podem servir para esse propósito. No entanto, o altar precisa estar em um ambiente no qual você não será interrompido por diversas horas depois de ter energizado seu talismã.

Coloque o talismã no altar. Diga algumas palavras em voz alta para o(a) arquiteto(a) do universo, agradecendo-lhe por protegê-lo e guiá-lo.

Recite um poema que lhe agrade. Obviamente, deve ser um poema sério, que expresse pensamentos com os quais você concorde. Você pode optar por escrever seu próprio poema especialmente para a ocasião, mas isso não é essencial.

Quando terminar de recitar o poema, olhe fixamente para o talismã por 30 segundos. Após esse tempo, converse com ele, dizendo algo como: "Eu o fortaleço e o consagro para [o propósito que você tiver em mente]. Eu o imbuo de todos os poderes do universo, a fim de permitir que você cumpra sua tarefa, e lhe agradeço antecipadamente por toda a energia, o poder e o conforto que me oferece". Olhe fixamente para o talismã por mais 30 segundos. Diga "obrigado" ao talismã e, depois, estique os braços e olhe para cima, dizendo "obrigado" mais uma vez.

Saia do ambiente em silêncio e certifique-se de que ele não seja usado novamente pelo restante do dia. Se isso for inevitável, cubra o talismã com um pano ou coloque-o em uma caixa. No entanto, mantenha-o no ambiente até a manhã seguinte.

MÉTODO DA CONCENTRAÇÃO 1

Este é um método simples e altamente eficaz, mas ele leva alguns dias para ser completado. Duas vezes ao dia, preferencialmente de manhã e de noite, segure seu talismã com as mãos posicionadas no formato de concha e concentre todas as energias nele. Foque aquilo que você quer que ele faça por você. Concentre-se pelo máximo de tempo que for possível, mas pare assim que sua mente começar a divagar. Coloque o talismã em um local seguro, preferencialmente envolto em seda, até que você esteja pronto para fazer isso mais uma vez. Repita por quantos dias forem necessários; você saberá quando o talismã estará totalmente energizado, pois ele adquirirá uma energia diferenciada quando você o segurar com suas mãos posicionadas no formato de concha. Após obter isso, o talismã estará pronto para ser utilizado.

MÉTODO DA CONCENTRAÇÃO 2

Este método é mais rápido do que o anterior, mas você precisa de bons poderes de concentração para realizá-lo de forma eficaz. Coloque uma vela branca em um altar. Essa vela deve ficar apagada no início do processo.

Segure seu talismã entre as palmas das mãos e fique diante do altar. Esfregue as suas mãos delicadamente enquanto pensa sobre sua necessidade em relação ao talismã. Olhe para as suas mãos enquanto estiver fazendo isso. Pause por um ou dois instantes e, depois, diga: "Eu o energizo com a energia divina". Isso deve ser dito em voz alta, com tanta força e paixão quanto for possível. Continue esfregando o talismã delicadamente, enquanto você pensa sobre os serviços que ele lhe prestará. Após um minuto ou mais, diga: "Eu o energizo com a energia divina", usando ainda mais poder, se possível. Repita isso por quatro ou cinco vezes.

Você saberá quando parar, pois receberá uma resposta do talismã. Ele pode ficar quente nas suas mãos, ou você pode sentir a energia irradiando dele. Quando sentir isso, coloque o talismã no seu altar, na frente da vela. Respire profundamente por três vezes e acenda a vela. Quando a vela estiver bem iluminada, passe o talismã pela fumaça diversas vezes, dizendo: "Agora, você está energizado e fortalecido para meu uso. Esta fumaça sagrada serve para purificá-lo e fortalecê-lo para [o propósito que você tiver em mente]. Obrigado". Pause por alguns segundos. Diga "obrigado". Pause novamente. Diga "obrigado".

Sopre a vela e prossiga com seu dia. Agora, seu talismã está pronto para ser utilizado.

MÉTODO DA ASSOCIAÇÃO

Este método envolve colocar seu talismã em um recipiente com outros objetos relacionados ao seu desejo. Se você criou um talismã para atrair riqueza, por exemplo, pode colocá-lo em um recipiente cheio de moedas, joias e outros símbolos de riqueza e abundância. Se o seu talismã foi feito para atrair amor, coloque-o em um recipiente cheio de símbolos de amor, podendo incluir pétalas de rosas, fotografias de pessoas apaixonadas, alianças, e assim por diante.

Duas vezes ao dia, por três dias, segure o recipiente e pense sobre a tarefa que você está encarregando o talismã de cumprir. Após três dias, tire o talismã do recipiente e segure-o entre as palmas das mãos. Pense sobre a tarefa mais uma vez e veja se o talismã responde. Você pode sentir um calor entre as mãos ou talvez apenas uma sensação de consciência de que o talismã esteja totalmente energizado. Se não receber uma resposta, recoloque o talismã no recipiente e comece o processo de novo.

MÉTODO DO PÊNDULO

O pêndulo é uma ferramenta psíquica extremamente útil e possui capacidades praticamente ilimitadas. Um pêndulo é um pequeno peso preso a um fio ou a uma corrente. O peso ideal deve ter entre aproximadamente 85 a 113 gramas, e a maioria das pessoas considera que um fio entre cerca de 7 a 15 centímetros funciona bem. Se você for destro, segure o fio entre o polegar e o dedo indicador da mão direita, e deixe o peso pender livremente. Pessoas canhotas devem fazer a mesma coisa usando a mão esquerda. Pode ser útil repousar o cotovelo do braço que estiver segurando o pêndulo em uma mesa. Pare o movimento do peso com sua mão livre e, então, peça que o pêndulo se mova em uma direção que indique "sim". O pêndulo pode levar um minuto ou mais para se movimentar inicialmente, mas, então, ele se movimentará para frente e para trás, ou de um lado para o outro, ou talvez gire em um movimento circular, podendo ser tanto no sentido horário quanto no sentido anti-horário.

Quando o pêndulo lhe informar qual movimento significa "sim", você poderá interromper o movimento e, depois, pedir que ele informe um movimento para "não". Após ter determinado isso, você poderá, então, descobrir quais movimentos indicam "não sei" e "não quero responder".

Essas respostas podem ser úteis ao trabalhar com talismãs. Quando você desejar, pode pendurar um pêndulo sobre seu talismã e perguntar se ele está totalmente energizado. Se a resposta for negativa, você pode reenergizar o talismã.

Você também pode usar seu pêndulo para energizar seu talismã. Coloque seu talismã em uma mesa e segure seu pêndulo sobre ele. Faça o pêndulo se mover na direção horária, de modo que ele gire sobre o talismã por 60 segundos. Interrompa o movimento do pêndulo e pergunte se o talismã está pronto para ser energizado. Com sorte, a resposta será positiva. Se você receber uma resposta negativa, deixe o pêndulo e o talismã de lado e tente novamente em outro momento. Você pode descobrir que está tentando energizar o talismã em um instante desfavorável do dia.

Se receber uma resposta positiva, faça o pêndulo se mover em uma rotação no sentido horário de novo por mais 60 segundos. Interrompa o movimento do pêndulo e, então, olhe fixamente para o talismã enquanto diz o que você necessita dele. Você pode falar silenciosamente ou em voz alta. Prefiro falar em voz alta, pois, assim, escuto o que digo, o que acrescenta outra dimensão para o ritual. Mantenha o pêndulo pendurado sobre o talismã ou ao lado dele enquanto estiver fazendo isso, mas direcione toda a sua atenção ao talismã. Após finalizar a conversa, olhe para o pêndulo mais uma vez. Se o talismã estiver energizado, seu pêndulo se movimentará na direção de "sim". Se ele fizer isso, agradeça e, depois, faça-o girar ao redor do talismã novamente por mais 60 segundos. Agora, o talismã está pronto para ser utilizado. Se você receber qualquer outra resposta do pêndulo, concentre-se novamente no talismã, repetindo seus desejos e sua necessidade para ele se tornar totalmente energizado. Continue fazendo isso até seu pêndulo dar uma resposta positiva.

MÉTODO DA PURIFICAÇÃO PELO FOGO

A purificação pelo fogo, ou, de forma mais correta, pela fumaça, é um método frequentemente utilizado para energizar talismãs. Você pode usar a fumaça de uma vela ou de um incenso. Coloque a fonte de fumaça em um altar e fique de frente para ele, segurando o seu talismã com as suas mãos posicionadas no formato de concha. Concentre-se no seu talismã e no motivo de você o estar energizando; depois, passe-o pela fumaça quantas vezes lhe parecer certo. Se estiver energizando um talismã astrológico, passe-o pela fumaça no número de vezes associado ao planeta específico (conforme indicado a seguir).

- **Saturno:** 3.
- **Júpiter:** 4.
- **Marte:** 5.
- **Sol:** 6.
- **Vênus:** 7.
- **Mercúrio:** 8.
- **Lua:** 9.

Continue se concentrando no seu talismã enquanto estiver fazendo isso. Algumas pessoas gostam de finalizar este método de energização de seus talismãs acrescentando os outros elementos: água, ar e terra. Isso é feito aspergindo algumas gotas de água no talismã, novamente enquanto concentra as suas energias nele. Depois, respire sobre o seu talismã, a fim de acrescentar o elemento de ar.[60] Para um talismã astrológico, respire sobre ele no mesmo número de vezes que o passou pela chama. Por fim, salpique um pouco de sal sobre o talismã para acrescentar a terra.

Segure seu talismã o mais alto que puder, com ambas as mãos, e agradeça. Agora, seu talismã está energizado e pronto para ser utilizado.

Destruindo um Talismã

Os antigos egípcios acreditavam que as propriedades mágicas de seus amuletos durariam para sempre.[61] O motivo disso é porque até mesmo amuletos feitos para serem usados por pessoas vivas eram, por fim, destinados a serem utilizados na múmia na tumba, a fim de ajudar o usuário na vida após a morte.

60. Thompson, *Amulets, Talismans and Charms* (ver nota 9), p. 22.
61. Andrews, *Amulets of Ancient Egypt* (ver nota 7), p. 106.

No entanto, pode haver ocasiões em que você não queira que essas energias mágicas continuem por tempo indefinido. O exemplo mais comum disso é um talismã que foi criado para um propósito específico. Após o objetivo ter sido alcançado, não há mais necessidade do talismã. Consequentemente, ele precisa ser desativado ou destruído. A menos que os materiais utilizados sejam valiosos, como ouro ou prata, geralmente é melhor destruir o talismã após agradecer a ele por ajudá-lo.

Pode ser proveitoso fazer um pequeno ritual para isso, a fim de agradecer ao talismã formalmente e se despedir. Se o talismã puder ser queimado, coloque uma vela acesa no altar e fique diante dela segurando o talismã nas suas mãos posicionadas em formato de concha. Vire para o leste e faça uma reverência. Faça a mesma coisa para o sul, o oeste e o norte, e, depois, vire-se para ficar diante da vela novamente. Diga para o talismã: "Obrigado pela sua ajuda. Eu a aprecio fortemente. No entanto, você cumpriu seu propósito, e devo deixá-lo partir. Obrigado mais uma vez".

Segure o talismã por um momento, o mais alto que conseguir, e, depois, queime-o na chama da vela. Você provavelmente sentirá uma tristeza genuína conforme seu talismã queima. Isso é perfeitamente natural, pois você está se despedindo de um amigo. Observe-o queimar e deixe as cinzas na frente da vela por uma hora ou mais antes de descartá-las.

Se o talismã for feito de uma substância que não pode ser queimada, passe pelo mesmo processo de agradecer e se despedir. Em seguida, quebre-o, se possível, e enterre-o no solo. Se o talismã for valioso e você quiser mantê-lo por alguma razão, passe pelo mesmo processo de agradecer por três dias consecutivos. Isso removerá todas as influências talismânicas. Você deve testar isso com um pêndulo (ver página 89). Se o pêndulo lhe disser que algumas influências permanecem, repita o procedimento e teste novamente até o pêndulo lhe dizer que todas as influências se foram.

6

Cristais e Pedras Preciosas

Cristais e pedras preciosas são sempre associados a amuletos e talismãs. O motivo disso é por causa das propriedades especiais que se acredita que essas pedras possuam. Uma inscrição cuneiforme antiga inclui uma lista de pedras que ajudam na concepção e no parto, bem como induzem amizade e ódio.[62] Os antigos babilônios acreditavam que tudo estava sujeito à influência de poderes celestiais e que as pedras tinham um lugar especial na astrologia, pois suas cores naturalmente se tornaram associadas às cores dos planetas. Como eles também relacionavam metais diferentes a cada planeta, amuletos e talismãs feitos do metal e da pedra colorida corretos para um propósito mágico ou astrológico específico eram populares. A energia combinada da pedra e do metal significava que os amuletos e os talismãs eram mais do que meras decorações; eles podiam ser aplicados a usos mais importantes. O colar de joias da princesa Sat-Hathor-Ant, por exemplo, era amarrado com garras de leão douradas para agir como um amuleto de proteção.

Com o passar do tempo, as pessoas também perceberam que todas as pedras ressoam em níveis vibracionais diferentes. Quando uma pedra atinge um "acorde" especial conosco, somos atraídos ou repelidos por ela. O acorde certo faz com que nos sintamos equilibrados, enquanto o acorde errado faz com que nos sintamos desconfortáveis. Quando

62. Joan Evans, *Magical Jewels of the Middle Ages and the Renaissance* (Oxford: Oxford University Press, 1922), p. 13.

usamos as pedras preciosas corretas, sentimo-nos bem em relação a nós mesmos e conseguimos manter um equilíbrio em todas as áreas da nossa vida. Isso funciona de forma recíproca, pois, obviamente, também transmitimos as nossas próprias energias para a pedra preciosa. Os pensamentos são forças vivas, e aquilo no que pensamos é transmitido para a joia que usamos.

História

Aparentemente, as pessoas se adornavam com brincos e colares muito antes de considerarem vestir roupas.[63] Foram encontrados colares que remontam à Idade da Pedra. Os povos primitivos aparentemente eram fascinados por qualquer coisa colorida ou atraente e transformavam esses objetos em joias. Não demorou muito até quase não haver uma parte do corpo que não pudesse ser decorada com pedras preciosas. Coroas, diademas, tiaras, grampos e pentes decoravam os cabelos. Brincos, argolas de nariz e argolas de lábios decoravam o restante do rosto. Braceletes, pulseiras e anéis adornavam os braços e as mãos. Pulseiras de coxa, tornozeleiras, anéis de dedos dos pés e fivelas decoravam as pernas e os pés. Uma variedade de broches, peitorais, estomaqueiras (ou peitilhos) e cintos decorava o torso.

No quarto milênio a.C., os egípcios usavam pó de esmeril para polir pedras preciosas, e um milênio depois possuíam a habilidade de cortar, polir e esculpir essas pedras. Ametista, berilo, cornalina, calcedônia, granada, jaspe e cristal de rocha eram comumente tratados dessa maneira. Todos os cristais de quartzo eram venerados, e eles eram usados até mesmo para fazer taças, o que possibilitava que as pessoas recebessem benefícios todas as vezes em que bebiam nelas. Pedras preciosas não se deterioram da mesma forma que a maioria dos outros materiais, portanto muitos exemplos delas podem ser encontrados em museus em todo o mundo.

A veneração das pedras preciosas não acabava com a morte. Joias preciosas eram enterradas com a pessoa falecida para ajudar em sua passagem para o outro mundo. Por exemplo, lápis-lazúli esculpido no

63. Weinstein, *The World of Jewel Stones* (ver nota 51), p. 3.

formato de um olho era considerado um amuleto poderoso para os mortos. Joias no formato de escaravelhos também eram comuns. Os escaravelhos simbolizavam a reencarnação, tornando-se um talismã popular tanto para os vivos quanto para os mortos.

Existem também evidências de que povos antigos tentaram utilizar o poder das pedras preciosas em uma escala maior. As bases das pirâmides são feitas de granito, contendo até 40% de cristal de quartzo. É possível que as pirâmides tenham sido destinadas a serem geradoras de energia poderosas, que poderiam ser utilizadas por sacerdotes para propósitos de cura.[64]

Acrescentar palavras escritas a pedras preciosas talismânicas também parece ter sido uma prática antiga. Aparentemente, a gravura em pedras começou no sul da Mesopotâmia. Uma ou duas palavras valorosas e poderosas gravadas em uma pedra a tornavam muito mais potente e eficaz como um talismã ou amuleto.

Pedras preciosas eram altamente valorizadas por gregos e romanos antigos, e pessoas ricas as colecionavam com paixão. Alexandria era o centro do comércio de joias, e mercadores de Atenas e Roma iam até essa cidade para fazer ofertas por espécimes finas, a fim de levá-las para casa e revendê-las. Rivalidade e inveja entre os colecionadores eram comuns; Marco Antônio exilou um senador chamado Nônio quando este se recusou a lhe dar uma determinada pedra preciosa, avaliada em 20 mil sestércios (mais de 1 milhão de dólares no câmbio atual).[65]

Grande parte do nosso conhecimento sobre a história antiga das pedras preciosas tem origem nos escritos de Teofrasto (c. 371-287 a.C.) e de Plínio, o Velho (23-79 d.C.). Posteriormente, ficamos em dívida com os escritos de Marco Polo (1254-1324) e Jean-Baptiste Tavernier (1605-1689), que fez fortuna comercializando pedras preciosas. Muitos outros autores escreveram sobre os poderes de cura das pedras preciosas, incluindo Aristóteles, Hildegarda de Bingen e Santo Isidoro de Sevilha. Boëtius de Boot, médico da corte de Rodolfo II da Germânia,

64 Geoffrey Keyte, *The Healing Crystal: A Practical Handbook* (London: Blandford, 1989), p. 15.
65. *Ibid.*, p. 7.

escreveu sobre anjos bons e maus que conseguiam entrar nas pedras preciosas e protegê-las de perigos.[66]

No período medieval, uma dama presentearia seu cavaleiro com uma pedra preciosa, colocada no punho de sua espada, antes de ele partir em uma missão perigosa. A escolha da pedra dependia das qualidades específicas que a dama queria conceder ao seu cavaleiro. Um diamante, por exemplo, lhe daria coragem, enquanto uma ametista estimularia a sobriedade.[67]

As pedras preciosas também possuíam correspondências cósmicas e zodiacais características há séculos, mas foi somente em meados do século XVI que elas foram associadas a meses específicos. As pessoas começaram a comprar amuletos e talismãs de pedras preciosas relacionados ao mês de nascimento delas. Essas pedras eram originalmente escolhidas porque estavam ligadas às 12 pedras preciosas no peitoral de Arão, o sumo-sacerdote de Israel.

Arão era o irmão mais velho de Moisés e atuou como sumo sacerdote por 40 anos. As vestimentas sagradas que ele usava eram maravilhosas. Além do peitoral, ele vestia um éfode, um manto, uma túnica, um cinto e uma mitra, todos feitos dos materiais sofisticados. O peitoral tinha comprimento de um palmo, e sua largura era de um palmo dobrado; ele tinha pedras preciosas incrustadas em filigrana de ouro. Em cada uma dessas pedras preciosas estava gravado o nome de uma das 12 tribos de Israel. Quando Arão usava esse peitoral, ele conseguia receber revelações de Deus. Toda a vestimenta de Arão é descrita no capítulo 28 do Êxodo.

Houve muita discussão sobre as 12 pedras preciosas que Arão usava em seu peitoral. As pedras preciosas mencionadas na tradução da Bíblia King James (ou Bíblia do Rei Jaime, também conhecida como Versão Autorizada do Rei Jaime), são: sárdio, topázio, carbúnculo, esmeralda, safira, diamante, liguro, ágata, ametista, berilo, ônix e jaspe. Muitos estudiosos questionaram a precisão dessa tradução, e traduções diferentes da Bíblia sugeriram pedras distintas. A seguir, é apresentada uma compilação das pedras preciosas mais comumente mencionadas para cada uma das 12 pedras.

66. Soozi Holbeche, *The Power of Gems and Crystals* (London: Judy Piatkus, 1989), p. 21.
67. Thompson, *Amulets, Talismans and Charms* (ver nota 9), p. 8.

1. Sárdio, cornalina, feldspato vermelho, jaspe vermelho e rubi.
2. Topázio, peridoto e serpentina.
3. Carbúnculo (rubi), esmeralda, feldspato verde e cristal de rocha.
4. Esmeralda, granada e rubi.
5. Safira e lápis-lazúli.
6. Diamante, jade, jaspe verde, ônix e sardônica.
7. Liguro, zirconita, jacinto, âmbar, safira e ágata.
8. Ágata e rubi.
9. Ametista e quartzo azul ou roxo.
10. Berilo, crisólita, quartzo, jaspe amarelo e topázio.
11. Ônix, malaquita, berilo e turquesa.
12. Jaspe e jade.

No entanto, grande parte dessa conjectura, e das pedras preciosas sugeridas para cada mês, foi ligeiramente modificada com o passar do tempo.

No século I d.C., o escritor romano Flávio Josefo escreveu sobre as 12 pedras preciosas no peitoral, e as associou aos 12 meses e aos 12 signos do zodíaco.[68] Contudo, naquela época, as pessoas não usavam nenhuma pedra associada à data de nascimento delas. Em vez disso, os romanos ricos usavam todas as 12 pedras em qualquer combinação que eles desejassem – frequentemente utilizando muitas pedras ao mesmo tempo ou, simplesmente, a pedra relevante para o mês em que estivessem.

Durante quase 1.500 anos, as pessoas usaram pedras preciosas como amuletos e talismãs, não como uma pedra relacionada ao seu signo ou mês de nascimento. Acredita-se que o povo judeu na Polônia no século XVII foi o primeiro a usar pedras preciosas que representavam o mês de nascimento. A seguir, é apresentada a lista de pedras associadas ao mês de nascimento que essas pessoas utilizavam.

68. Cornelia M. Parkinson, *Gem Magic* (New York: Fawcett Columbine, 1988), p. 30.

- **Janeiro:** granada.
- **Fevereiro:** ametista.
- **Março:** heliotrópio.
- **Abril:** diamante.
- **Maio:** esmeralda.
- **Junho:** ágata.
- **Julho:** cornalina.
- **Agosto:** sardônica.
- **Setembro:** crisólita (mais conhecida atualmente como peridoto).
- **Outubro:** opala.
- **Novembro:** topázio.
- **Dezembro:** turquesa.

Em 1912, a American National Retail Jewelers Association analisou todas as listas de pedras de nascimento disponíveis na época e tentou criar uma lista que satisfizesse a todos. Parte do motivo disso era porque algumas das pedras originais eram difíceis de serem encontradas, ou não eram mais consideradas atraentes. Com o passar dos anos, a alexandrita e o citrino foram acrescentados à lista, e o zircão azul substituiu o lápis-lazúli. Em 1938, a American Gem Society aprovou essa lista para os seus membros. Em 1952, a National Jewelers Association também aceitou uma variação da lista original. Consequentemente, as pedras "aceitas" para cada mês são as seguintes:

- **Janeiro:** granada.
- **Fevereiro:** ametista.
- **Março:** heliotrópio e água-marinha.
- **Abril:** diamante.
- **Maio:** esmeralda.
- **Junho:** pérola, pedra da lua e alexandrita.
- **Julho:** rubi.
- **Agosto:** sardônica e peridoto.

- **Setembro:** safira.
- **Outubro:** opala e turmalina rosa.
- **Novembro:** topázio e citrino.
- **Dezembro:** turquesa e zircão.

Obviamente, nem todo mundo ficou contente com essa lista, e uma série de variações foram produzidas. Entretanto, não há dúvida de que essas pedras possam agir como amuletos benéficos para as pessoas que as utilizam, contanto que elas tenham fé em sua efetividade.

Algo que esses joalheiros antigos falharam em levar em consideração é que a maioria das pessoas prefere usar uma pedra que se relacione a seu signo astrológico, em vez de uma associada a seu mês de nascimento. É possível fazer isso, até certo ponto, ao simplesmente avançar cada pedra preciosa em algumas semanas. Isso funciona perfeitamente para algumas pedras, mas não para outras. Por exemplo, o heliotrópio, a pedra de março, adapta-se perfeitamente ao signo de Áries (aproximadamente de 21 de março a 20 de abril). O heliotrópio, conforme mencionado anteriormente, era usado como um talismã por soldados e é naturalmente associado a Marte, o deus da guerra. Marte rege Áries, tornando esta uma combinação perfeita.

Não é surpresa que especialistas divirjam em relação às pedras corretas para cada signo solar. A seguir, é apresentada uma lista de pedras preciosas sugeridas para cada um dos signos astrológicos.

- **Áries:** heliotrópio, diamante, jaspe e rubi.
- **Touro:** safira, turquesa, esmeralda, lápis-lazúli e cornalina.
- **Gêmeos:** ágata, pérola, pedra da lua, alexandrita e citrino.
- **Câncer:** esmeralda, pedra da lua, rubi e olivina.
- **Leão:** ágata, diamante, sardônica e peridoto.
- **Virgem:** jade, safira, cornalina e jaspe.
- **Libra:** opala, lápis-lazúli, turmalina, esmeralda, aventurina e jade.

- **Escorpião:** berilo, água-marinha, topázio, citrino e granada.
- **Sagitário:** topázio, jacinto, peridoto, turquesa e zircão.
- **Capricórnio:** granada, rubi, malaquita, ônix preto e azeviche.
- **Aquário:** ametista, granada, malaquita, turquesa e zircão.
- **Peixes:** água-marinha, heliotrópio e ametista.

Se uma das pedras do seu signo lhe agradar, ela pode se tornar um bom amuleto ou talismã. No entanto, não há um motivo para você não escolher simplesmente uma pedra que lhe agrade por alguma razão e utilizá-la.

Selecionando uma Pedra Preciosa pela Numerologia

Podemos usar a numerologia ao selecionar uma pedra preciosa. Tudo o que pode ser nomeado possui um valor numerológico. (Veremos isso em mais detalhes adiante.) Consequentemente, cada pedra preciosa pode ser analisada numerologicamente para se observar como ela se relaciona a você.

Cada número possui um significado. A seguir, são apresentadas palavras-chave breves para cada número.

1: Independência e realização.

2: Cooperação, harmonia e diplomacia.

3: Expressão pessoal criativa e alegrias da vida.

4: Sistema, ordem, restrições e trabalho árduo.

5: Liberdade e variedade.

6: Responsabilidades domésticas e familiares.

7: Análise, sabedoria e espiritualidade.

8: Liberdade material.

9: Humanitarismo.

Existem também dois números mestres, 11 e 22. Estes são mais altamente evoluídos do que outros números, e sempre existe um grau de tensão nervosa associada a eles. Esses números pertencem a pessoas que são almas antigas.

11: Iluminação e inspiração.

22: Mestre construtor.

Na numerologia, quatro números formam sua composição básica. Eles são o Caminho de Vida, a Expressão, o Desejo da Alma e o Dia de Nascimento.

CAMINHO DE VIDA

O mais importante entre esses números é o seu Caminho de Vida, que revela o propósito de sua existência. O número do seu Caminho de Vida é originado da sua data de nascimento completa, reduzida a um único dígito. Minha data de nascimento é 9 de dezembro de 1946. Para descobrir o número do meu Caminho de Vida, precisamos transformar esses números em uma soma, da seguinte maneira:

9: dia

12: mês

1946: ano

$$9 + 12 + 1946 = 1967$$

Então, somamos esses dígitos individualmente:

$$1 + 9 + 6 + 7 = 23$$

E continuamos a fazer isso até chegarmos a um único dígito:

$$2 + 3 = 5$$

O número do meu Caminho de Vida é 5.

Existe uma exceção em relação a isso. Se, a qualquer momento, enquanto estiver reduzindo os números a um único dígito, você chegar aos números 11 ou 22, os dois números mestres, deve parar de reduzir os números nesse ponto. A seguir, é apresentado um exemplo usando a data de nascimento da minha esposa, Margaret.

29: dia
2: mês
1944: ano

$$29 + 2 + 1944 = 1975$$

Então:

$$1 + 9 + 7 + 5 = 22$$

Como esse é um número mestre, não reduzimos o total para 4. O número do Caminho de Vida de Margaret é 22.

A data de nascimento de Margaret também demonstra porque precisamos criar uma soma dessa maneira, em vez de simplesmente somar os números em uma linha reta. Se fizermos isso com a data de nascimento de Margaret, perdemos o número mestre:

$$2 + 9 \text{ (dia)} + 2 \text{ (mês)} + 1 + 9 + 4 + 4 = 31$$

Então:

$$3 + 1 = 4$$

Com o número 5 do meu Caminho de Vida, tive de aprender a usar meu tempo de maneira sábia e a não o desperdiçar muito. As palavras-chave para o número 5 são liberdade e variedade. Isso significa que, se eu não tomar cuidado, posso exagerar nos encantos da liberdade e da variedade e não conquistar nada. No meu caso, demorou muitos anos para eu aprender essa lição.

A lição de Margaret é muito mais difícil. Ela possui um número mestre para seu Caminho de Vida. Isso significa que todo mundo provavelmente está ciente de suas capacidades superiores, exceto talvez ela mesma. Ela precisa encontrar algo merecedor de suas capacidades – uma obsessão grandiosa, talvez – e, então, seguir isso.

EXPRESSÃO

O número da Expressão revela as suas habilidades naturais. Ele tem origem no seu nome de batismo completo, reduzido a um único dígito ou número mestre. Fazemos isso transformando cada letra do nosso nome em um número, usando a tabela a seguir (para mais informações sobre essa tabela, ver página 140).

1	**2**	**3**	**4**	**5**	**6**	**7**	**8**	**9**
A	B	C	D	E	F	G	H	I
J	K	L	M	N	O	P	Q	R
S	T	U	V	W	X	Y	Z	

A seguir, é apresentado meu nome completo com os valores numerológicos embaixo:

RICHARD EDWARD WEBSTER
9938194 545194 5521259

Cada palavra é reduzida separadamente, somando os dígitos individuais.

43 28 29

E novamente:

7 10 11

E, por fim:

7 1 11

(Observe que o número 11 é um número mestre e não é reduzido.) Os três números reduzidos são, então, somados:

7 + 1 + 11 = 19

E são somados novamente (a menos que o valor anterior seja um número mestre):

1 + 9 = 10

E são somados mais uma vez, se necessário:

1 + 0 = 1

O meu número de Expressão é 1.

DESEJO DA ALMA

O Desejo da Alma também é conhecido como o desejo do coração e mostra o que você deseja conquistar nesta vida. Esse é o fator de motivação de uma pessoa. Ele é o total de todas as vogais do seu nome de batismo, reduzido novamente a um único dígito ou a um número mestre. Isso é complicado, porque a letra Y pode ser tanto uma vogal quanto uma consoante. Se ela for pronunciada, como no nome Yolanda, é considerada uma consoante. Se ela não for pronunciada (como em Kaye) ou atuar como uma vogal (como em Lynda), é considerada uma vogal.

R I C H A R D E D W A R D W E B S T E R
9 1 5 1 5 5

A redução deverá ser feita conforme apresentado a seguir.

10 6 10

1 6 1

1 + 6 + 1 = 8

O número do meu Desejo da Alma é 8.

DIA DE NASCIMENTO

Este é o mais fácil dos quatro números a serem determinados. É o dia do mês em que você nasceu, reduzido a um único dígito – exceto, evidentemente, para pessoas nascidas nos dias 11, 22 ou 29 de cada mês.

Pessoas nascidas no dia 29 possuem um número 11 de Dia de Nascimento. Eu nasci no dia 9, então, possuo um número 9 de Dia de Nascimento. Margaret nasceu no dia 29, o que lhe concede um número 11 de Dia de Nascimento.

JUNTANDO TUDO

Nós analisamos os quatro números principais da numerologia, em ordem descendente de importância. O seu Caminho de Vida representa 40% da sua composição total; a sua Expressão corresponde a 30%; o seu Desejo da Alma simboliza 20%; e o seu Dia de Nascimento constitui 10%. No meu caso, os meus números são 5, 1, 8 e 9.

Como esses são os meus números e eles formam uma parte integral da minha composição, eu me relaciono bem com as pessoas que compartilham um ou mais dos meus números. Também me relaciono bem com qualquer pedra preciosa ou cristal que vibre nesses mesmos números. A seguir, é apresentado um exemplo (em inglês).

A q u a m a r i n e **(água-marinha)**
1 8 3 1 4 1 9 9 5 5

46
10
1

Um amuleto ou talismã de água-marinha funcionaria bem para mim, pois compartilhamos o mesmo número de Expressão.

A seguir, é apresentado outro exemplo (em inglês).

M o o n s t o n e **(pedra da lua)**
6 6 6 5

23
5

Um amuleto ou talismã de pedra da lua também funcionaria bem para mim, pois ele tem um número 5 de Desejo da Alma, que se relaciona ao meu número 5 de Caminho de Vida.

A l e x a n d r i t e **(alexandrita)**
1 3 5 6 1 5 4 9 9 2 5

50
5

A alexandrita possui um número 5 de Expressão, e este se relaciona bem com meu número 5 de Caminho de Vida. A sardônica (em inglês, *sardonyx*) possui um número 5 de Desejo da Alma (o Y é considerado uma vogal), assim como o citrino (em inglês, *citrine*). O rubi (em inglês, *ruby*) possui um número 1 de Desejo da Alma. A opala (em inglês, *opal*) possui um número 8 de Expressão. A turquesa (em inglês, *turquoise*) harmoniza-se comigo em dois níveis: um número 1 de Expressão e um número 8 de Desejo da Alma.

Quais dessas pedras preciosas seria a melhor para mim? À primeira vista, pode parecer que a turquesa seja a melhor, pois ela se relaciona comigo em dois níveis. No entanto, tudo depende do motivo pelo qual estou usando a pedra preciosa. Se eu usasse uma pedra como parte de um talismã para me ajudar a conquistar meu propósito de vida, provavelmente escolheria a alexandrita, a pedra da lua ou a sardônica, pois elas possuem uma vibração 5, que é a mesma do meu Caminho de Vida. Se eu quisesse uma pedra preciosa para me ajudar a conquistar um objetivo específico ou para assegurar minha independência, escolheria a água-marinha ou a turquesa, pois ambas possuem um número 1 de Expressão. Se meu objetivo fosse financeiro, eu certamente escolheria a turquesa, pois 8 é o número que vibra com o dinheiro.

Selecionando uma Pedra Preciosa pela Cor

Podemos também adicionar cores à equação ao decidirmos sobre uma pedra preciosa específica. Os números que usamos na numerologia podem igualmente nos ajudar a escolher as cores certas. A seguir, são apresentadas as cores que se relacionam a cada um dos números.

1: Vermelho.
2: Laranja.
3: Amarelo.

4: Verde.
5: Azul.
6: Anil.
7: Violeta.
8: Rosa.
9: Transparente.

Os números mestres 11 e 22 são associados às cores prateado e dourado, respectivamente. (Agora, você já sabe por que os santos em vitrais sempre possuem auras douradas.)

Como você já sabe, os meus números são 5, 1, 8 e 9. Isso significa que posso escolher um amuleto ou talismã que seja azul (5), vermelho (1), rosa (8) ou transparente (9).

A seguir, incluo algumas das características principais das pedras coloridas.

VERMELHO (1)

Pedras vermelhas são impetuosas e energéticas. Elas podem motivá-lo a tentar coisas que você nunca consideraria normalmente. Vermelho é a cor do sangue, e a energia vermelha estimula cada aspecto do nosso ser. Rubi, granada e jaspe vermelho são bons exemplos.

LARANJA (2)

Pedras laranja são associadas a relacionamentos íntimos e à satisfação de um trabalho bem-feito. Citrino, cornalina e safira laranja são bons exemplos.

AMARELO (3)

Pedras amarelas são associadas à expressão das alegrias da vida. Elas são divertidas, alegres, travessas e gostam de companhia. Se você estiver se sentindo solitário, carregue uma pedra amarela consigo e veja quantas pessoas atrairá. A energia amarela também estimula o intelecto. Berilo e topázio amarelos são bons exemplos.

VERDE (4)

Pedras verdes são associadas aos seguintes aspectos: regeneração, estímulo, trabalho árduo e realização. Elas criam determinação, persistência e energia para cumprir uma tarefa difícil. Esmeralda, peridoto, jade e turmalina são bons exemplos.

AZUL (5)

Pedras azuis proporcionam percepção e habilidade de visualizar o que pode ser realizado. Safira, turmalina, lápis-lazúli e iolita são bons exemplos. O lápis-lazúli é por vezes chamado de Pedra de Vidente, porque ele efetivamente abre as portas para a intuição e a clarividência.

ANIL (6)

Pedras anis são associadas ao amor e ao cuidado aos outros, especialmente às pessoas mais próximas. A ametista é um bom exemplo.

VIOLETA (7)

Pedras violeta são associadas à consciência superior e proporcionam sabedoria e verdades espirituais. Rubi roxo, granada e turmalina siberita são bons exemplos.

ROSA (8)

Pedras rosa proporcionam o estímulo e a energia que possibilitam que ocorra crescimento. A turmalina rubelita, o berilo rosa e o quartzo rosa são bons exemplos.

TRANSPARENTE (9)

Pedras transparentes representam energia pura, porque elas contêm a energia e o potencial de todas as outras cores. O quartzo transparente é um exemplo. Pedras transparentes são acolhedoras, zelosas, afetuosas e têm um potencial ilimitado.

PRATEADO (11)

Pedras prateadas são superficialmente passivas e pacíficas. No entanto, elas possuem um enorme potencial e, quando devidamente utilizadas e motivadas, proporcionam um estímulo e uma energia suficientes para possibilitar que um enorme progresso seja feito. A hematita é um bom exemplo.

DOURADO (22)

Pedras douradas são ativas, motivadas e ambiciosas. Elas aumentam o potencial das demais pedras e também funcionam bem isoladamente. A cor dourada deve ser usada quando você está estabelecendo metas muito elevadas. Ela não tem limites. Use-a sobre o coração e tenha o máximo de ambição que puder. Pirita, sol de pirita e olho de tigre são bons exemplos.

Pedras Preciosas no Oriente

Iniciei meu estudo sobre amuletos e talismãs enquanto estava no Extremo Oriente. O grande número de talismãs que as pessoas usam na Tailândia, por exemplo, é extraordinário pelos padrões ocidentais. No entanto, eles servem para um propósito valioso, e as pessoas não continuariam a usá-los se sentissem que não estivessem recebendo algum benefício.

Como seria de se esperar, amuletos e talismãs podem ser encontrados entre as relíquias das civilizações orientais antigas. Objetos de jade que remontam à era neolítica foram encontrados na China. Eram usados em cerimônias religiosas e também como amuletos de proteção.[69] A mitologia indiana conta a história de um rubi fabuloso chamado Syamantaka, que deu brilho a Surya, o Deus Sol. Um dia, Surya deu a joia a um humano, o rei Satrajit, e isso causou enormes problemas. Syamantaka era uma pedra preciosa incrível, que proporcionava mais bem às pessoas que faziam coisas boas e mais mal às pessoas que cometiam más ações.

69. Carol Clark, *Tropical Gemstones of Malaysia and Southeast Asia* (Hong Kong: Periplus Editions, 1998), p. 7.

A famosa Árvore Kalpa foi criada por poetas hindus como o presente supremo aos deuses. Ela tinha folhas de coral, brotos de esmeraldas, um tronco de diamantes, topázio e crisoberilo e raízes de safira. Pérolas pendiam de seus galhos, e ela dava frutos de rubis.

Existe um item antigo e altamente venerado das joias hindus conhecido como anel Nav-Ratna. As palavras *nav ratna* significam "nove pedras preciosas". O anel Nav-Ratna é usado no dedo anelar da mão direita. O lado de trás do engaste é mantido aberto, para possibilitar que as pedras preciosas se mantenham em contato com a pele. As pedras são fixadas em uma posição de três fileiras. Topázio, crisoberilo (um tipo de olho de gato) e esmeralda estão na primeira fileira. Safira, rubi e diamante compõem a segunda fileira, e a última fileira contém hessonita (granada), coral e pérola. Essas pedras preciosas alinham todas as forças planetárias para proporcionar boa sorte, proteção e auxílio para quem utilizar esse anel.

Como todas as coisas, o grau de benefício que o usuário recebe depende da qualidade das pedras preciosas. Pedras inferiores podem causar danos, em vez de beneficiar o usuário. É melhor substituir por pedras preciosas de cor semelhante de boa qualidade do que usar pedras preciosas de má qualidade do tipo adequado. Existem referências nas escrituras védicas sobre os efeitos desfavoráveis de pedras preciosas imperfeitas e os efeitos benéficos de pedras de boa qualidade.[70]

Ao longo da história, pessoas na Índia usaram joias como uma parte essencial de suas vestimentas. Isso é tão popular atualmente quanto era há milhares de anos. Argolas de nariz, brincos, colares, pulseiras, braceletes, anéis de dedos das mãos, cintos, tornozeleiras e anéis de dedos dos pés podem ser vistos por toda a parte. É provável que as pessoas na Índia usem joias há pelo menos 5 mil anos.[71]

Algumas dessas joias são meramente ornamentais, mas uma grande quantidade é usada para propósitos talismânicos. Por exemplo, é comum ver cobras entrelaçadas em anéis e braceletes. Na mitologia hindu, a riqueza mineral da terra é guardada por *nagas*, que são deuses

70. Richard S. Brown, *Ancient Astrological Gemstones and Talismans* (Bangkok, Thailand: A.G.T. Limited, 1995), p. 31.
71. Clark, *Tropical Gemstones of Malaysia and Southeast Asia* (ver nota 68), p. 56.

serpentes. Essas serpentes protegem seus usuários de danos, e acredita-se que elas também proporcionem um antídoto para venenos.

SISTEMAS PARA SELECIONAR PEDRAS PRECIOSAS ORIENTAIS

O falecido dr. L. R. Chawdhri foi um quiromante famoso em Nova Delhi. No final de suas consultas, ele frequentemente dava aos seus clientes uma pedra semipreciosa, dizendo para eles que a pedra lhes traria boa sorte. Eu fiquei fascinado com a forma como ele fazia isso e comecei a seguir seu sistema em minha própria prática.

Ele me disse que havia 84 tipos de pedras que podiam ser usadas como amuletos ou talismãs, ou para fins decorativos. No entanto, para fins práticos, nove pedras preciosas (as pedras preciosas do Nav-Ratna) abrangem quase todas as possibilidades, e era uma dessas que ele dava para seus clientes.

Ele dava a seus clientes uma pedra que era determinada pelo Caminho de Vida da pessoa ou pelo Dia de Nascimento. Era importante que um anel feito com essa pedra específica tivesse um engaste aberto, para permitir que a pedra entrasse em contato com a pele. O anel deveria ser usado no dedo anelar da mão direita. O propósito da pedra é aprimorar as qualidades boas da pessoa, bem como eliminar parte da negatividade. A pedra preciosa também facilita o progresso do indivíduo pelos altos e baixos. A seguir, são apresentadas as escolhas de pedras do dr. Chawdhri para os números do Caminho de Vida e da Data de Nascimento.

(Acredita-se que todo os anéis, exceto os anéis de rubi, devam ser colocados em leite cru por três horas antes de serem usados pela primeira vez. Isso serve para remover quaisquer impurezas que possam estar presentes. Anéis de rubi devem ser colocados em suco de limão por três horas.)

Números do Caminho de Vida

Você deve se lembrar de que o número do Caminho de Vida é determinado ao se somar o dia, o mês e o ano de nascimento e reduzir o total até um único dígito ou um número mestre.

1: Rubi e topázio.
2: Pedra da lua, olho de gato e olho de tigre.
3: Ametista.
4: Granada vermelho-dourada.
5: Diamante.
6: Esmeralda e peridoto.
7: Pedra da lua, olho de gato e olho de tigre.
8: Safira azul e lápis-lazúli.
9: Coral.
11: Pérola.
22: Água-marinha azul.

Pessoas nascidas nos dias 1º, 10, 19 ou 28

Essas pessoas devem usar um anel que contenha coral vermelho, opala vermelha, rubi ou topázio amarelo ou dourado. No entanto, se o total do dia, do mês e do ano reduzido a um único dígito for 2, 4, 7 ou 8, não deve ser usado rubi.

Pessoas nascidas nos dias 1º, 10, 19 e 28 vêm sob a influência do Sol. Consequentemente, elas possuem altos padrões e ideais e desejam sucesso. O destino delas é estar em uma área na qual suas habilidades de liderança possam ser desempenhadas ao máximo.

Pessoas nascidas nos dias 2, 11, 20 ou 29

Essas pessoas devem usar joias que contenham olho de gato, opala verde, jade, pedra da lua, pérola ou olho de tigre.

Pessoas nascidas nesses dias vêm sob a influência da Lua. Elas são gentis, zelosas, acolhedoras e intuitivas. Gostam de ajudar os outros e trabalham bem em áreas nas quais sua empatia pode ser usada.

Pessoas nascidas nos dias 3, 12, 21 ou 30

Pessoas nascidas nesses dias devem usar joias de ametista, coral, esmeralda ou topázio.

Essas pessoas vêm sob a influência de Júpiter. Elas são honestas, afetuosas e solidárias. São discretamente ambiciosas e estão preparadas para trabalhar incansavelmente por aquilo que desejam. Elas se dão bem nos negócios.

Pessoas nascidas nos dias 4, 13, 22 ou 31

Pessoas nascidas nesses dias devem usar joias de água-marinha azul, diamante, granada, safira azul-clara ou opala marrom-avermelhada e cinza.

Essas pessoas vêm sob a influência de Urano. Elas são trabalhadoras e não gostam de receber ordens. Expressam seus pensamentos bem, mas não são boas em ouvir as ideias dos outros, mesmo quando são elas que as solicitam.

Pessoas nascidas nos dias 5, 14 ou 23

Pessoas nascidas nesses dias devem usar diamante, safira branca ou zircão.

Essas pessoas estão sob a influência de Mercúrio. Elas são perspicazes e gostam de ambientes bonitos e de belas posses. Preferem trabalhos mentalmente estimulantes a trabalhos manuais e geralmente possuem um talento para fazer dinheiro, de modo que possam se cercar das coisas boas da vida.

Pessoas nascidas nos dias 6, 15 ou 24

Pessoas nascidas nesses dias devem usar berilo, esmeralda, água-marinha verde, opala verde ou peridoto. No entanto, se a soma do dia, do mês e do ano de nascimento delas, reduzida a um único dígito, for 3, devem, em vez disso, usar topázio dourado ou safira amarela.

Pessoas nascidas nos dias 6, 15 ou 24 estão sob a influência de Vênus. Elas gostam de ajudar os outros, mas são seletivas quando se trata de fazer amigos. Desfrutam dos prazeres da vida e estão preparadas para trabalhar, a fim de ganhar dinheiro primeiro. Não gostam de ociosidade.

Pessoas nascidas nos dias 7, 16 ou 25

Pessoas nascidas nesses dias devem usar olho de gato, pedra da lua, opala branca, pérola ou olho de tigre.

Essas pessoas estão sob a influência de Netuno. São interessadas em uma ampla gama de assuntos, mas nem sempre compartilham esses entusiasmos com os outros. Trabalham bem em áreas que requerem pesquisa e gostam de buscar verdades ocultas. Elas são naturalmente intuitivas e podem analisar as outras pessoas em um relance.

Pessoas nascidas nos dias 8, 17 ou 26

Pessoas nascidas nesses dias devem usar safira azul, lápis-lazúli ou opala marrom-avermelhada e cinza.

Essas pessoas estão sob a influência de Saturno. São indivíduos trabalhadores, que alcançam seus objetivos. São honestos, teimosos, determinados e engenhosos. São pessoas práticas, que mantêm seus pés firmemente no chão.

Pessoas nascidas nos dias 9, 18 ou 27

Pessoas nascidas nesses dias devem usar coral, granada, opala vermelha, rubi ou um anel Nav-Ratna (que contém todas as nove pedras preciosas). No entanto, se a soma do dia, do mês e do ano de nascimento delas reduzida for 2 ou 7, devem usar, em vez disso, olho de gato, pedra da lua, pérola e olho de tigre.

Pessoas nascidas nos dias 9, 18 ou 27 estão sob a influência de Marte Elas estão preparadas para tentar de tudo, e fazem tudo isso com bom humor. Gostam de atividades tanto físicas quanto mentais, e precisam de um desafio para se manter interessadas. Possuem uma ampla gama de interesses e podem influenciar os outros com seu exemplo.

ANÉIS ZODIACAIS

Os talismãs astrológicos são chamados de *kavacas* na Índia. Eles são utilizados para influenciar as vibrações cósmicas do universo e para melhorar todos os aspectos da vida das pessoas que os estiverem usando.

A astrologia hindu difere de muitas maneiras da astrologia ocidental, no sentido de ser um sistema sideral, em vez de um sistema tropical. A astrologia sideral tem sido usada por milhares de anos no Oriente. Ela é baseada no estudo dos corpos celestes, com a Terra sendo um deles. O sistema tropical da astrologia usado no Ocidente é fundamentado no posicionamento do Sol em relação à Terra. A diferença mais evidente ao se comparar esses dois sistemas é que os signos solares têm datas ligeiramente distintas em ambos. Na astrologia oriental, Áries se estende de 15 de abril a 14 de maio, enquanto na astrologia ocidental ele se estende de 21 de março a 21 de abril.

Não é surpresa que, além de datas diferentes para os signos, esses sistemas também tenham uma seleção ddistinta de pedras de nascimento. Assim como no Ocidente, existe um desacordo considerável sobre as pedras de nascimento corretas para cada signo. A seguir, são listadas as escolhas mais comuns. Em cada caso, a primeira pedra listada é a que aprendi originalmente.

- **Áries (15 de abril a 14 de maio):** coral vermelho, rubi, heliotrópio e jaspe vermelho.
- **Touro (15 de maio a 14 de junho):** diamante, coral, esmeralda e topázio dourado.
- **Gêmeos (15 de junho a 14 de julho):** esmeralda e água-marinha.
- **Câncer (15 de julho a 14 de agosto):** pérola, esmeralda e pedra da lua.
- **Leão (15 de agosto a 14 de setembro):** rubi e âmbar.
- **Virgem (15 de setembro a 14 de outubro):** esmeralda, jaspe rosa, turquesa e zircão.
- **Libra (15 de outubro a 14 de novembro):** diamante e opala.
- **Escorpião (15 de novembro a 14 de dezembro):** coral vermelho, ágata, granada e topázio.
- **Sagitário (15 de dezembro a 14 de janeiro):** safira amarela e ametista.

- **Capricórnio (15 de janeiro a 14 de fevereiro):** safira azul, berilo, azeviche e quartzo fumê.
- **Aquário (15 de fevereiro a 14 de março):** zircão e safira azul.
- **Peixes (15 de março a 14 de abril):** olho de gato, água-marinha, diamante e jade.

PEDRAS PRECIOSAS PARA OS PLANETAS

No Oriente, acredita-se que seja possível melhorar a qualidade de vida usando pedras preciosas para aprimorar as posições planetárias no horóscopo sideral.

Se um planeta estiver em uma posição desafortunada no seu horóscopo, uma pedra preciosa específica pode ser usada para retificar o problema. Na verdade, duas pedras preciosas devem ser utilizadas: uma para afastar a negatividade de um posicionamento planetário desafortunado e outra para simbolizar o planeta regente da pessoa.

A seguir, é apresentada uma lista das pedras preciosas corretas para cada planeta. Listada primeiro está a pedra certa, seguida de pedras alternativas sugeridas.

- **Sol:** rubi, granada vermelha, rubelita, espinela e turmalina vermelha.
- **Lua:** pérola e pedra da lua.
- **Marte:** coral, heliotrópio e cornalina.
- **Mercúrio:** esmeralda, diopsídio verde, jade, peridoto e turmalina verde.
- **Júpiter:** topázio, berilo amarelo, citrino, heliodoro, safira amarela e turmalina amarela.
- **Vênus:** diamante, quartzo, safira branca, topázio branco e zircão branco.
- **Saturno:** safira, ametista, cordierita e espinela azul.
- **Rahu:** granada laranja, espessartita e zircão laranja.
- **Ketu:** olho de gato, berilo e fibrolita.

Rahu e Ketu são considerados *aprakasha*, ou "planetas sombrios", e são frequentemente referidos como a cabeça do dragão e a cauda do dragão. Na teologia hindu, Rahu e Ketu refletem as qualidades do signo no qual eles estiverem.

PEDRAS PRECIOSAS PARA CADA DIA DA SEMANA

Você também pode escolher usar a pedra correta para cada dia da semana. Como alternativa, pode selecionar uma pedra que represente o seu dia de nascimento. No Oriente, o talismã *sapta-ratna* é frequentemente utilizado. Ele contém as sete pedras preciosas que correspondem a cada dia da semana.

Domingo
Regido pelo Sol. Todas as pedras preciosas amarelas ou douradas. Os exemplos incluem âmbar, cornalina, citrino dourado e topázio dourado

Segunda-feira
Regida pela Lua. Todas as pedras brancas. Os exemplos incluem pedra da lua, opala e pérola.

Terça-feira
Regida por Marte. Todas as pedras vermelhas. Os exemplos incluem heliotrópio, coral, granada, jaspe vermelho e rubi.

Quarta-feira
Regida por Mercúrio. Todas as pedras azuis. Os exemplos incluem água-marinha, lápis-lazúli, safira, sodalita, topázio azul e turquesa.

Quinta-feira
Regida por Júpiter. Todas as pedras roxas. Os exemplos incluem ametista e fluorita.

Sexta-feira
Regida por Vênus. Todas as pedras verdes. Os exemplos incluem crisoprásio, esmeralda, jade verde, malaquita, peridoto e turmalina verde.

Sábado

Regido por Saturno. Todas as pedras pretas e brancas. Os exemplos incluem diamante e quartzo fumê.

PEDRAS PARA CADA DEDO

Cada dedo está relacionado a uma parte diferente do sistema nervoso central do corpo. Consequentemente, acredita-se, na Índia, que usar determinados anéis em dedos específicos pode ajudar a curar problemas e doenças. O polegar não confere benefício algum e não é utilizado.

Dedo indicador

O dedo indicador é regido por Júpiter. Ele também representa o estômago e o sistema respiratório. Para ajudar a curar problemas nessas áreas, anéis de pedra da lua, pérola e safira amarela devem ser usados nesse dedo.

Dedo médio

O dedo médio é regido por Saturno. Ele representa o cérebro, o fígado e os intestinos. Para problemas nessas áreas, anéis de coral branco, diamante, esmeralda, pedra da lua, pérola, safira azul ou zircão branco devem ser usados.

Dedo anelar

O dedo anelar é regido pelo Sol. Ele representa os rins e a circulação do sangue. Anéis de rubi, coral vermelho, olho de gato, pedra da lua, pérola, safira amarela e topázio podem ser usados nesse dedo para ajudar em problemas nessas áreas.

Dedo mínimo

O dedo mínimo é regido por Mercúrio. Ele representa os genitais, as pernas e os pés. Para problemas nessas áreas, anéis de lápis-lazúli e safira azul devem ser usados.

Pedras Preciosas Talismânicas

A maioria dos especialistas acredita que as pessoas começaram a usar pedras preciosas para propósitos talismânicos, e não como adornos. Consequentemente, as joias vieram da magia e foram originalmente criadas para repelir energias negativas. Foi descoberto que determinadas pedras preciosas eram mais benéficas do que outras, e um pequeno número se tornou as pedras preciosas de escolha na produção de talismãs. A seguir, são apresentadas algumas das mais populares.

ÂMBAR

O âmbar pode ser usado por todos, e acredita-se que ele aproxime o usuário de Deus. Ele também é utilizado para ajudar a aliviar problemas respiratórios.

CRISTAL

O cristal equilibra a aura e elimina a energia bloqueada. Ele também ajuda na intuição.

DIAMANTE

O diamante elimina pensamentos negativos e incentiva uma perspectiva positiva da vida. Combate venenos. Ajuda no crescimento espiritual.

HELIOTRÓPIO

Acredita-se que o heliotrópio cure a anemia e promova um crescimento ósseo forte. Ele muitas vezes é usado por crianças, a fim de ajudá-las a se tornarem saudáveis e vigorosas.

JADE

O jade é usado para atrair boa sorte e riqueza. Ele é especialmente benéfico para pessoas que têm 2, 6 ou 7 como números da sorte. (A maioria das pessoas cita um número de um único dígito quando é perguntada sobre um número da sorte. Geralmente, esse é um número escolhido aleatoriamente, mas algumas vezes as pessoas selecionam seus números da sorte usando a numerologia. Consequentemente, elas costumam usar seus números do Caminho de Vida, da Expressão ou do Desejo da Alma como números da sorte.)

OPALA

A opala ajuda a equilibrar os chacras e a estimular o crescimento espiritual. (Os chacras são sete círculos de energia giratórios localizados ao longo da coluna vertebral dentro da aura. Eles atuam como baterias e proporcionam uma energia que pode ser utilizada pelo corpo físico.)

PEDRA DA LUA

A pedra da lua estimula a calma e ajuda a reduzir os efeitos adversos das emoções. Ela auxilia o sistema linfático. Também restaura os desequilíbrios endócrinos nas mulheres. A pedra da lua potencializa o lado feminino da personalidade das pessoas.

PÉROLA

A pérola ajuda o nosso crescimento interior, incentivando-nos cuidadosamente a progredir a um nível de espiritualidade superior e mais avançado.

QUARTZO FUMÊ

O quartzo fumê simboliza as verdades ocultas e profundas e nos ajuda a superar a procrastinação e os pensamentos negativos, de modo que possamos nos desenvolver física, mental e emocionalmente e – sobretudo – espiritualmente.

TURMALINA NEGRA

Acredita-se que a turmalina negra seja a mais poderosa das pedras preciosas pretas. Ela age como um escudo de proteção contra energias negativas e ataques psíquicos. Ela também ajuda a transformar os nossos sonhos e esperanças em realidade.

Adquirindo Pedras Preciosas

Cristais e pedras preciosas são fáceis de serem comprados em grandes cidades, onde há lojas de cristais especializadas, e a maioria das lojas esotéricas possui uma pequena gama de cristais e pedras preciosas à venda. No entanto, ainda não é fácil para as pessoas que vivem em centros menores localizar uma boa fonte de cristais. Felizmente, um grande número de empresas vende cristais e pedras preciosas na internet. Pessoas que realizam *workshops* sobre cristais são outra possibilidade, pois elas geralmente possuem um suprimento de cristais a preços razoáveis.

Sempre que possível, você deve escolher os seus cristais por si mesmo. Não existe nenhum mistério em relação a isso. Você pode se sentir atraído por um formato, uma cor, um tamanho ou brilho de uma determinada pedra. Se ela lhe agradar, e o preço estiver dentro do seu orçamento, adquiri-a. É exatamente o mesmo que comprar roupas e comida. Um cristal que lhe agrade pode não ter interesse algum para outra pessoa. Obviamente, o oposto também se aplica.

Eu uso uma variedade de métodos para selecionar os cristais. A aparência de um cristal é importante, e algumas vezes minha visão é atraída a um cristal específico em uma vitrine. Quase sempre compro um cristal que se apresenta para mim dessa maneira. O segundo método é uma forma de psicometria. Seguro uma variedade de cristais, um de cada vez, e o cristal "certo" para as minhas necessidades parecerá diferente dos outros. Também uso um pêndulo para encontrar o cristal certo. Penso nos meus motivos para querer um cristal específico, enquanto penduro meu pêndulo sobre uma variedade de cristais, um de cada vez. Invariavelmente, meu pêndulo me diz qual deles escolher. Uma amiga minha procura os cristais com a mão. Ela mantém a palma da mão direita em cima de uma seleção de cristais e diz que a mão dela fica "pegajosa" quando ela a passa por cima do cristal ou pedra preciosa certos. De fato, os cristais certos escolhem você.

USANDO SUA INTUIÇÃO

Na maioria das vezes, escolho uma pedra usando meus números ou cores. No entanto, em algumas ocasiões, escolho algo totalmente diferente, e em geral não tenho a menor ideia do motivo de ter feito isso. Posso entrar em uma loja com a intenção de comprar, digamos, uma turmalina azul e sair 60 minutos depois com uma pedra da lua branca. Isso ocorre porque as pedras preciosas são incrivelmente poderosas em aprimorar as habilidades psíquicas ou intuitivas.

Consequentemente, quando estou olhando pedras preciosas e sinto uma resposta intuitiva de uma pedra em especial, quase sempre a adquiro, porque a pedra deve ter transmitido para mim uma mensagem por um motivo específico. Posso sentir que escolhi determinada pedra porque gostei dela, mas, na realidade, a pedra me escolheu.

Acho proveitoso ter em mente uma necessidade específica ao comprar cristais ou pedras preciosas. Posso ter em mente, com antecedência, uma ou mais pedras, mas com frequência acabo comprando algo completamente diferente daquilo que eu tinha a intenção de adquirir.

Vale a pena ter bastante tempo disponível ao comprar pedras preciosas. Algumas vezes as energias são sutis, e você não as perceberá se estiver com pressa. Todo mundo responde de uma maneira diferente. Uma amiga minha ouve os cristais falando com ela. Na verdade, ela diz que consegue os ouvir cantar. Outras pessoas têm uma sensação de formigamento nos dedos. Outras têm uma sensação de "saber". Leve o tempo que for necessário para que a pedra o escolha.

Como Usar Pedras Preciosas

Pedras preciosas talismânicas podem ser usadas da forma como você desejar. Geralmente, elas são incrustadas em anéis, mas também podem compor prendedores de gravata, pulseiras, colares e brincos, ou podem ser incorporadas a outros itens de joias. Como alternativa, podem ser carregadas com a pessoa em uma bolsinha, na carteira ou na bolsa.

Você pode escolher usá-las em um determinado lugar, porque seu corpo anseia pela energia que elas fornecem. Um exemplo comum disso é usar anéis na mão esquerda se você for destro. Isso é feito subconscientemente, porque o lado esquerdo do corpo é mais fraco do que o direito, e usar um cristal ou uma pedra preciosa no lado esquerdo compensa isso. Obviamente, se a pessoa é canhota, o anel deve ser utilizado na mão direita. Pulseiras muitas vezes são colocadas subconscientemente no lado correto do corpo pelo mesmo motivo. As tornozeleiras servem para a mesma função na parte inferior do corpo e ajudam a manter seus usuários aterrados. Elas também fornecem energia adicional para os aspectos cotidianos práticos da vida.

Brincos ajudam a proporcionar equilíbrio e harmonia. Como um aparte, minha sogra sofreu de zumbido no ouvido por muitos anos. Esse zumbido desapareceu completamente assim que ela começou a usar brincos de cristal de quartzo.

Colares e pingentes ajudam a eliminar bloqueios na área da garganta. Eles podem ser extremamente benéficos para pessoas que enfrentam problemas para se expressar com clareza.

Existem muitos motivos válidos para que sejam usados objetos mágicos feitos de cristais ou pedras preciosas. Nossos ancestrais também os utilizavam para escrever mensagens. No passado, era comum serem dados anéis que formavam uma palavra com a primeira letra de cada pedra preciosa. Por exemplo, a palavra inglesa *regard* (em português, "respeito") podia ser lida em um anel contendo rubi, esmeralda, granada, ametista, rubi e diamante.

Em última análise, você deve usar pedras preciosas de qualquer tipo quando sentir a necessidade delas. Se forem bonitas e puderem ser usadas livremente como adornos, é ainda melhor.

7

Quadrados Mágicos

As pessoas são fascinadas por quadrados mágicos (denominados iantras, na Índia) há milhares de anos. Um quadrado mágico é uma série de números combinados, na forma de um quadrado, no qual cada linha horizontal, vertical e diagonal somada resulta no mesmo total. Alguns quadrados mágicos possuem até 40 maneiras diferentes de se chegar a esse total. Os matemáticos os consideram gratificantes do ponto de vista matemático, e muitas pessoas, como Benjamin Franklin, passaram incontáveis horas produzindo quadrados mágicos e elaborando novas fórmulas para criá-los. Sua perfeição matemática fez deles um complemento natural para amuletos e talismãs.

História

Quadrados mágicos são extremamente antigos, e acredita-se que eles sejam provenientes originalmente da China.[72] Os chineses possuem uma lenda que conta como Wu de Hsia descobriu o primeiro quadrado mágico, nas marcas do casco de uma tartaruga. Ele convocou todos os homens sábios da época para estudar esse fenômeno. A partir desse primeiro quadrado mágico, surgiu o feng shui, a astrologia chinesa e a numerologia. Os quadrados mágicos foram disseminados da China para o Japão e para o sul da Ásia, e, então, para a Índia, a Arábia e a Europa. A referência escrita mais antiga dos quadrados mágicos no Ocidente pode ser encontrada nos escritos de Téon de Esmirna, que remontam a cerca

72. Richard Webster, *Talisman Magic* (St. Paul, MN: Llewellyn Publications, 1995), p. xiii.

de 130 d.C.[73] A referência árabe mais antiga aos quadrados mágicos remonta ao século IX, quando Thabit ibn Qurrah escreveu sobre o assunto. Nos primeiros escritos cabalísticos hebraicos, o quadrado mágico de três por três representava o nome proibido de Deus.

Os quadrados mágicos talismânicos se tornaram um sucesso nos séculos XV e XVI. Abramelin, o Mago, que vivia nas margens do Nilo no século XV, escreveu um estudo abrangente sobre magia cerimonial para seu filho, Lamech. Esse sistema fazia um uso extensivo dos quadrados mágicos e permitia que a pessoa que o seguisse obtivesse qualquer coisa que desejasse. Acredita-se que Aleister Crowley, mago cerimonial famoso do século XX, autor, pesquisador e autoproclamado a "Grande Besta", adquiriu muito do seu conhecimento como resultado do estudo desse sistema específico.

Cornélio Agrippa, mago do início do século XVI, teve uma grande influência na arte da magia talismânica. Ele passou muito tempo estudando uma série de quadrados mágicos que nomeou com base nos planetas.

O Dr. John Dee, astrólogo da rainha Elizabeth I, e Edward Kelley produziram as Tábuas Angélicas; tratam-se de quadrados mágicos que foram usados quatro séculos depois no sistema enochiano, utilizado pela Ordem Esotérica da Golden Dawn.

Paul Carus, o ilustre ocultista, considerava os quadrados mágicos "exemplos conspícuos da harmonia intrínseca do número... Não existe nenhuma ciência que ensine as harmonias da natureza de forma mais clara do que a matemática, e os quadrados mágicos são como um espelho que reflete a simetria da norma divina inerente em todas as coisas."[74]

Cada quadrado mágico está relacionado à Árvore da Vida cabalística. A Árvore da Vida foi concebida para ajudar os iniciados a compreenderem a natureza dos poderes que eles estariam usando. Ela consiste em dez *sephiroth*, ou atributos, que retratam tudo na vida. São elas:

73. Jim Moran, *The Wonders of Magic Squares* (New York: Vintage Books, 1982), p. 5.
74. Paul Carus, introdução de *Magic Squares and Cubes*, ed. W.S. Andrews (Chicago: Open Court, 1917), p. vii-viii.

- **Kether:** coroa.
- **Chokmah:** sabedoria.
- **Binah:** entendimento.
- **Chesed:** misericórdia.
- **Gevurah:** severidade.
- **Tiphareth:** beleza.
- **Netsach:** vitória.
- **Hod:** esplendor.
- **Yesod:** fundação.
- **Malkuth:** reino.

Cada *sephirah* possui uma série de associações, incluindo anjos, inteligências, planetas, elementos e quadrados mágicos. O quadrado mágico de Saturno, por exemplo, é um quadrado mágico de três por três, porque Saturno corresponde a Binah, a terceira *sephirah* na Árvore da Vida. Da mesma forma, como Mercúrio corresponde a Hod, a oitava *sephirah*, seu quadrado mágico é de oito por oito.

Os quadrados mágicos podem ser utilizados sozinhos, como talismãs completos para propósitos específicos. No entanto, eles costumam ser mais usados para fornecer um poder adicional a um talismã ou para criar selos e sigilos (os quais abordarei mais adiante).

Iantras

Os iantras são quadrados mágicos indianos e uma forma de mandala. As mandalas são desenhos circulares feitos ao redor de um ponto central, que simboliza o universo. Elas costumam ser criadas para propósitos de meditação, e o ato de desenhá-las é tão importante quanto a meditação posterior. Na Índia, tanto os iantras pictóricos quanto os iantras de quadrados mágicos são comuns, mas são os iantras de quadrados mágicos que são frequentemente usados como talismãs. Existem dois tipos de iantras de quadrados mágicos: astrológicos e pessoais.

IANTRAS ASTROLÓGICOS

Você pode optar por criar um iantra astrológico, quando precisar de energia adicional de qualquer um dos planetas. O motivo mais comum para isso é quando um determinado planeta é afetado no mapa astral de alguém. Os iantras astrológicos usam os mesmos quadrados mágicos que são encontrados na magia talismânica ocidental. O quadrado de Saturno original é proveniente da China. No entanto, esses quadrados foram encontrados nos alfabetos sânscrito, tibetano, árabe, persa, grego e hebraico, mostrando o quão rapidamente esse conhecimento se disseminou pelo mundo.[75]

Idealmente, os iantras devem ser produzidos no instante correto, de acordo com as horas planetárias (ver página 79). No entanto, eles podem ser criados em qualquer momento, se a necessidade for urgente, ou você pode produzir um iantra temporário. Algumas pessoas traçam iantras no chão e os usam para propósitos de meditação. Iantras desse tipo podem ser produzidos em qualquer momento. Iantras talismânicos são geralmente desenhados em papel ou gravados em metal. O primeiro iantra que vi estava em um pedaço de papel sujo que um motorista de riquixá de Nova Delhi carregava em uma bolsinha ao redor do pescoço. Sempre que possível, prefiro usar uma folha de papel de boa qualidade que não tenha sido usada anteriormente, para algum outro propósito.

Iantra de Saturno

O iantra de Saturno aumenta as oportunidades de alcançar êxito profano e também pode ajudar a curar a depressão. Obviamente, ele também é utilizado para retificar problemas causados por um Saturno afetado no mapa astral.

4	9	2
3	5	7
8	1	6

75. David Allen Hulse, *The Key of It All: An Encyclopedic Guide to the Sacred Languages and Magickal Systems of the World*, vol. 2, The Western Mysteries (St. Paul, MN: Llewellyn Publications, 1994), p. lix.

Iantra de Júpiter

O iantra de Júpiter concede ao usuário poder, prestígio, autoridade e confiança. Ele também retifica problemas causados por um Júpiter afetado no mapa astral.

4	14	15	1
9	7	6	12
5	11	10	8
16	2	3	13

Iantra de Marte

O iantra de Marte protege o usuário de acidentes e danos. Este quadrado mágico de cinco por cinco também retifica dificuldades causadas por um Marte afetado no mapa astral.

11	24	7	20	3
4	12	25	8	16
17	5	13	21	9
10	18	1	14	22
23	6	19	2	15

Iantra do Sol

O iantra do Sol é criado para retificar os aspectos negativos de um Sol afetado e também proporciona paz de espírito. Cada linha do iantra do Sol soma 111, e a soma de todos os números é 666.

3	32	3	34	35	1
7	11	27	28	8	30
19	14	16	15	23	24
18	20	22	21	17	13
25	29	10	9	26	12
36	5	33	4	2	31

Iantra de Vênus

O iantra de Vênus é um iantra popular, pois ele torna uma pessoa mais atraente para o sexo oposto. Ele também reforça a paz de espírito e retifica problemas causados por um Vênus afetado no mapa astral.

22	47	16	41	10	35	4
5	23	48	17	42	11	29
30	6	24	49	18	36	12
13	31	7	25	43	19	37
38	14	32	1	26	44	20
21	39	8	33	2	27	45
46	15	40	9	34	3	28

Iantra de Mercúrio

O iantra de Mercúrio retifica problemas causados quando esse planeta é afetado no mapa astral. Ele também oferece proteção contra inimigos e pode aumentar sua retenção de memória.

8	58	59	5	4	62	63	1
49	15	14	52	53	11	10	56
41	23	22	44	45	19	18	48
32	34	35	29	28	38	39	25
40	26	27	37	36	30	31	33
17	47	46	20	21	43	42	24
9	55	54	12	13	51	50	16
64	2	3	61	60	6	7	57

Iantra da Lua

O iantra da Lua retifica problemas criados por uma Lua afetada no mapa astral; também proporciona bons amigos e respeito na comunidade. Cada linha soma 369, e a soma de todos os números é 3.321.

37	78	29	70	21	62	13	54	5
6	38	79	30	71	22	63	14	46
47	7	39	80	31	72	23	55	15
16	48	8	40	81	32	64	24	56
57	17	49	9	41	73	33	65	25
26	58	18	50	1	42	74	34	66
67	27	59	10	51	2	43	75	35
36	68	19	60	11	52	3	44	76
77	28	69	20	61	12	54	4	45

IANTRAS DO NAV-GRAHA

Os iantras do Nav-Graha são outro tipo de iantra astrológico. Já falamos sobre as pedras preciosas do Nav-Ratna no capítulo anterior. A seguir, são apresentados os nove quadrados mágicos que as acompanham. Eles têm como objetivo serem utilizados apenas para afastar os aspectos negativos dos planetas afetados no horóscopo natal. Devem ser escritos em um papel e carregados em uma bolsa ou carteira. Como alternativa, podem ser levados em uma bolsinha pendurada ao redor do pescoço.

Os quadrados do Nav-Graha devem ser carregados por um período de 40 a 43 dias, começando em um dia que seja propício para o planeta em questão.

Sol

6	1	8
7	5	3
2	9	4

Lua

7	2	9
8	6	4
3	10	5

Marte

8	3	10
9	7	5
4	11	6

Mercúrio

9	4	11
10	8	6
5	12	7

Júpiter

10	5	12
11	9	7
6	13	8

Vênus

11	6	13
12	10	8
7	14	9

Saturno

12	7	14
13	11	9
8	15	10

Rahu

13	8	15
14	12	10
9	16	11

Ketu

14	9	16
15	13	11
10	17	12

IANTRAS PESSOAIS

Iantras pessoais são criados para aumentar a confiança, a autoestima e o sucesso. Eles são quadrados mágicos de quatro por quatro, baseados na data de nascimento completa da pessoa. Eu nasci em 9 de dezembro de 1946, então meu iantra pessoal fica assim:

12	9	46	5
44	7	10	11
6	47	8	11
10	9	8	45

Cada linha horizontal e vertical soma 72, assim como as linhas diagonais. Ainda mais notável é que os números nas quatro pontas do iantra também totalizam 72, bem como os números em cada quarto do quadrado mágico. No quarto superior esquerdo, temos os números 12, 9, 44 e 7. Eles totalizam 72, assim como 46, 5, 10 e 11 (quarto superior direito), 6, 47, 10 e 9 (quarto inferior esquerdo) e 8, 11, 8 e 45 (quarto inferior direito). Obviamente, os quatro números no centro do iantra (7, 10, 47 e 8) também totalizam 72.

Um iantra pessoal é praticamente um quadrado mágico perfeito. Um quadrado mágico perfeito usa cada número apenas uma vez (veja o iantra de Júpiter na página 128 para um exemplo de um quadrado mágico perfeito). Isso não é possível com iantras pessoais, pois o ponto de partida é a nossa data de nascimento completa.

Embora a matemática não seja um dos meus pontos fortes, ainda reconheço uma beleza incrível nos iantras pessoais. Também me surpreende que eles sejam tão fáceis de serem criados. Praticamente nenhuma matemática é necessária.

O primeiro número a ser inserido é o mês de nascimento. Eu nasci em dezembro, o 12º mês do ano. Consequentemente, coloquei um 12 na primeira posição.

12	___	___	___
___	___	___	___
___	___	___	___
___	___	___	___

Ao lado dele, entra o dia de nascimento; no meu caso, um 9.

12	9	___	___
___	___	___	___
___	___	___	___
___	___	___	___

O terceiro número refere-se aos dois dígitos finais do ano de nascimento. Eu nasci em 1946, então coloco 46 na terceira posição.

12	9	46	___
___	___	___	___
___	___	___	___
___	___	___	___

Há um último número a ser colocado na linha superior. Esse é meu número de Caminho de Vida, que, como você pode se lembrar, foi mencionado anteriormente (ver página 101). Ele é o resultado do dia, do mês e do ano do meu nascimento somados e, depois, reduzidos a um único dígito (a menos, claro, que seja encontrado um número mestre no processo de redução). O meu número de Caminho de Vida é 5.

12	9	46	5
—	—	—	—
—	—	—	—
—	—	—	—

Isso significa que tenho os números 12, 9, 46 e 5 na linha superior do meu iantra pessoal.

As três linhas restantes são igualmente fáceis. A seguir, é apresentada uma fórmula, que faz a maior parte do trabalho por você. O quadrado à direita mostra letras para cada posição.

A	B	C	D		A	B	C	D
C-2	D+2	A-2	B+2		E	F	G	H
D+1	C+1	B-1	A-1		I	J	K	L
B+1	A-3	D+3	C-1		M	N	O	P

A melhor forma de aprender isso é criando iantras pessoais para membros da sua própria família. Você vai descobrir que é possível ter zeros e números negativos em alguns iantras. As pessoas nascidas em janeiro ou fevereiro, por exemplo, sempre terão pelo menos um número negativo em seus iantras. Isso ocorre porque, na posição N, temos A-3. Para uma pessoa nascida em janeiro, teremos -2 nessa posição. Também haverá -1 na posição G e um zero na posição L. Isso não faz diferença para a tabela. Imagine que você esteja criando uma tabela para uma pessoa nascida em 1º de janeiro de 1982. Vamos supor que o nome dela seja Cheryl. O iantra pessoal de Cheryl ficaria assim:

1	1	80	22
78	24	-1	3
23	81	0	0
2	-2	25	79

(Cheryl tem 22, um número mestre, como seu Caminho de Vida. Como se trata de um número mestre, não o reduzimos a um único dígito.)

O iantra de Cheryl soma 104 em todas as direções. Na segunda linha, temos os seguintes números: 78, 24, -1 e 3. O número 78 somado a 24 é 102. Nós, então, subtraímos 1, pois o terceiro número na linha é -1. Isso nos dá 101. Por fim, adicionamos o número final, que é 3, e isso nos dá um total de 104. Confira as outras combinações por si mesmo, e você vai descobrir que, apesar de ter dois números negativos e dois zeros no quadrado mágico dela, o iantra pessoal de Cheryl totaliza 104 em todas as combinações.

Apesar de os iantras pessoais geralmente serem usados como amuletos e talismãs, eles também podem ser interpretados para oferecer pistas sobre a personalidade da pessoa.

OUTROS IANTRAS PESSOAIS

Iantras pessoais oferecem proteção em todas as áreas da vida. No entanto, iantras especiais podem ser criados para atrair resultados específicos. Os mais comuns entre eles são para atrair amor e dinheiro. Outros iantras também estão listados no apêndice D.

Iantras pessoais para atrair amor

Todo mundo quer encontrar alguém especial para compartilhar a vida. Algumas pessoas não têm nenhuma dificuldade para encontrar o(a) parceiro(a) adequado(a), mas outras passam muitos anos em buscas infrutíferas pelo(a) companheiro(a) certo(a). Um iantra de amor age como um talismã para atrair a pessoa certa.

Antes de criar um iantra de amor, você precisa decidir exatamente o que quer. Você está buscando um parceiro com quem compartilhar sua vida? Você quer um parceiro que será, por fim, a mãe ou o pai dos seus filhos? Ou você está buscando algo completamente diferente?

Na numerologia, o número 2 é associado aos relacionamentos íntimos. O número 6 é associado ao lar e à família. (A tabela na página 100 apresenta outras correspondências.) Nós começaremos criando um iantra associado ao número 2.

Você deve se lembrar de que a primeira linha do meu iantra pessoal era:

12 9 46 5

Esses números somam 72, e:

$$7 + 2 = 9$$

Evidentemente, não posso mudar o dia, o mês e o ano do meu nascimento. No entanto, posso alterar o número final para fazer a primeira linha do iantra totalizar o número que eu quiser. A fim de criar um iantra para atrair amor para mim, tudo o que preciso fazer é mudar o número final, de modo que, quando todos os quatro números forem somados, o total possa ser reduzido a 2. No meu caso, eu teria de mudar o 5 para um 7. Isso me dá:

$$12 + 9 + 46 + 7 = 74$$

Então:

$$7 + 4 = 11$$

Nesse caso, reduzimos novamente:

$$1 + 1 = 2$$

(Como o número 11 é um número mestre, eu normalmente não o reduziria a um único dígito, mantendo-o como 11, o que, na verdade, é um "super" 2.)

Agora, posso criar um quadrado de iantra para atrair amor usando a mesma fórmula descrita na página 134.

12	9	46	7
44	9	10	11
8	47	8	11
10	9	10	45

Os melhores momentos para traçar um iantra de amor são do dia 10 ao dia 20 de cada mês. Quando seu iantra pessoal de amor for criado, você precisará mantê-lo na sua bolsa ou carteira até a pessoa certa entrar na sua vida. Retire-o e olhe para ele por pelo menos 60 segundos todos os dias. Visualize na sua mente sua pessoa ideal enquanto estiver olhando fixamente para o iantra. Você não precisa realmente ver essa pessoa. Tudo o que precisa obter é uma impressão de alguns dos traços de personalidade dela e como você se sente quando está em sua presença. Depois de fazer isso, coloque o iantra novamente na sua bolsa ou carteira e prossiga com o seu dia, confiante de que esteja atraindo o parceiro ideal para você.

A seguir, apresento o iantra de amor que eu criaria para mim mesmo, se estivesse buscando uma parceira e ter uma família.

12	9	46	2
44	4	10	11
3	47	8	11
10	9	5	45

Como você pode ver, subtraí 3 do número 5 do meu Caminho de Vida, pois isso significa que o quadrado mágico pode ser reduzido a 6 desta forma:

$$12 + 9 + 46 + 2 = 69$$
$$6 + 9 = 15$$
$$1 + 5 = 6$$

Existe também um quadrado mágico de iantra padrão para atrair amor e amizade. Ele tem como objetivo atrair mais pessoas para sua vida, em vez de uma pessoa específica. É usado da mesma forma que os outros iantras e deve ser mantido com você o tempo todo. Ele deve ser traçado em uma sexta-feira.

4	15	10	5
14	1	8	11
7	12	13	2
9	6	3	16

Iantras pessoais para atrair riqueza

É difícil encontrar alguém que não gostaria de ter mais dinheiro. Até mesmo pessoas extremamente ricas normalmente gostariam de ter um pouco mais de dinheiro. Um iantra de dinheiro age como um talismã que atrai riqueza. Na numerologia, o número 8 é o número do dinheiro e das finanças. Consequentemente, para atrair mais dinheiro para a nossa vida, precisamos criar um quadrado mágico no qual cada linha seja reduzida a 8.

Cada linha do meu iantra pessoal é reduzida a 9. Como quero que meu iantra de dinheiro seja reduzido a 8, tudo o que tenho de fazer é subtrair 1 do número 5 do meu Caminho de Vida, substituindo o número final na linha superior por um 4. (Na realidade, eu poderia colocar qualquer número nessa posição que fosse reduzido a 4. Consequentemente, 13, 22, 31, 40 – e até mesmo 1.003 – poderiam ser usados, se desejado. Na prática, adiciono ou subtraio para chegar ao número mais próximo que me permita criar o quadrado mágico.) A seguir, é apresentado meu iantra de dinheiro:

12	9	46	4
44	6	10	11
5	47	8	11
10	9	7	45

O melhor momento para produzir um iantra de dinheiro é às quintas-feiras ou sextas-feiras, pela manhã, que caiam do dia 1º ao dia 10 de cada mês. O iantra de dinheiro é usado da mesma forma que os iantras para o amor. Ele deve ser mantido perto de você em todos os instantes. Pelo menos uma vez ao dia, você deve olhar fixamente para ele por 60 segundos, enquanto pensa sobre o quanto sua vida ficará melhor quando tiver mais dinheiro. Você pode pedir uma quantia de dinheiro específica. Se fizer isso, mire alto. Como a vida geralmente nos dá aquilo que pedimos, seja ousado e peça uma grande quantia. Eu normalmente peço o que quero, em vez de pedir dinheiro diretamente. O importante é ter em mente uma quantia determinada de dinheiro, ou um objetivo específico, enquanto você estiver olhando fixamente para o iantra. Depois de 60 segundos, afaste o iantra e prossiga com o que quer que esteja fazendo.

Selos e Sigilos

Existem duas maneiras notáveis para ocultar e personalizar quadrados mágicos e iantras: selos mágicos e sigilos.

SELOS MÁGICOS

Um selo mágico é um desenho geométrico feito por linhas criadas quando cada número em um quadrado mágico é tocado em ordem numérica. Alguns desses desenhos são surpreendentemente belos (Mercúrio, por exemplo). Os selos contêm a essência dos quadrados mágicos e podem ser usados no lugar destes, quando desejado. Um selo mágico é frequentemente utilizado, em detrimento de um quadrado mágico, quando segredo e confidencialidade são necessários. Se eu quisesse carregar um talismã específico comigo e sentisse que ele pudesse ser visto por outras pessoas, provavelmente usaria um selo, em vez de um quadrado mágico.

SIGILOS

Um sigilo é uma assinatura que personaliza ainda mais um quadrado mágico. Tradicionalmente, o nome hebraico do anjo protetor do quadrado mágico era transformado em números, usando uma tabela especial, conhecida como Aiq Beker. Esses números eram, então, conectados por linhas no quadrado mágico para criar um sigilo ou assinatura. Muitas pessoas ainda usam esse método atualmente. No entanto, a menos que você saiba falar e ler em hebraico, as chances de cometer erros é extremamente alta.

Para a maioria das pessoas, faz mais sentido criar um sigilo usando o sistema de numerologia pitagórico. Ele é simples e direto, além disso, tem poucas chances de erro. Você pode criar um sigilo usando qualquer palavra que desejar. Para propósitos talismânicos, é melhor criar um sigilo utilizando seu primeiro nome, ou o nome do anjo planetário associado ao quadrado específico (ver apêndice A).

A seguir, é apresentada uma tabela pitagórica simples para ajudá-lo a transformar seu nome em números.

1	2	3	4	5	6	7	8	9
A	B	C	D	E	F	G	H	I
J	K	L	M	N	O	P	Q	R
S	T	U	V	W	X	Y	Z	

O meu primeiro nome é Richard. Ele é convertido para 9938194, pois R = 9, I = 9, C = 3, H = 8, A = 1, R = 9 e D = 4. Se eu quisesse, por exemplo, crescer espiritual e filosoficamente, poderia criar um quadrado mágico de Júpiter e, então, juntar os números no meu primeiro nome, criando um sigilo pessoal que acrescentaria poder adicional ao quadrado mágico. Começo desenhando um pequeno círculo dentro da casa 9, na segunda linha do quadrado mágico de Júpiter (ver página 128). O número 9 se relaciona ao R em Richard (de acordo com a tabela pitagórica apresentada anteriormente). I, a segunda letra em Richard, também se relaciona ao número 9, portanto não faço nada para essa letra. O C em Richard se associa ao número 3; logo, em seguida, desenho uma linha reta do pequeno círculo na casa do 9 para o centro da casa que contém o número 3 (na linha inferior). A partir dessa casa, agora desenho uma linha reta para a casa do 8, porque esse número se relaciona ao H em Richard. Continuo conectando os números com linhas até que eu tenha conectado todos os números no meu nome. Isso cria o sigilo de Júpiter para Richard.

Se eu quisesse, poderia até mesmo eliminar o quadrado mágico e carregar o sigilo comigo como um talismã. Isso seria vantajoso, porque ninguém, além de mim, saberia o que seria isso.

Quadrados Mágicos de Letras

Os quadrados mágicos constituídos por letras, em vez de números, são provenientes da tradição latina. Um dos mais famosos entre eles é o quadrado mágico Sator Arepo, que pode ser encontrado em mosaicos em diversos sítios romanos, incluindo em Cirencester, na Inglaterra, e em Pompeia. O significa exato das palavras *sator arepo* tem sido contestado, mas geralmente elas são interpretadas desta forma: "Sator, o semeador, mantém as rédeas pelo seu trabalho".[76] Esse quadrado ainda é frequentemente utilizado como um talismã de proteção (e também como um amuleto para proteger o usuário do mau-olhado).

S	A	T	O	R
A	R	E	P	O
T	E	N	E	T
O	P	E	R	A
R	O	T	A	S

Muitos quadrados de letras podem ser encontrados em *The Book of the Sacred Magic of Abramelin the Mage*,[77] incluindo uma versão ligeiramente diferente do quadrado Sator Arepo, a qual é destinada a ser utilizada para obter o amor de uma dama:

S	A	L	O	M
A	R	E	P	O
L	E	M	E	L
O	P	E	R	A
M	O	L	A	S

A seguir, é apresentado outro exemplo de Abramelin, destinado a fazer um espírito aparecer na forma humana.

76. Nigel Pennick, *The Secret Lore of Runes and Other Ancient Alphabets* (London: Rider and Company, 1991), 204.

77. S. L. MacGregor Mathers (trad.), *The Book of the Sacred Magic of Abramelin the Mage* (London: John M. Watkins, 1900; reimpr. New York: Dover Publications, 1975).

L	E	V	I	A	T	A	N
E	R	M	O	G	A	S	A
V	M	I	R	T	E	A	T
I	O	R	A	N	T	G	A
A	G	T	N	A	R	O	I
T	A	E	T	R	I	M	V
A	S	A	G	O	M	R	E
N	A	T	A	I	V	E	L

Nenhum dos quadrados mencionados por Abramelin é destinado a ser usado sozinho, e eles não funcionarão se você não seguir primeiro seu período de preparação de seis meses. Conheço diversas pessoas que tentaram seguir esse programa, mas ele é árduo, e é necessário ter muita dedicação. Eu não conheço ninguém que tenha conseguido fazer isso.

A seguir, é apresentado um quadrado de letras tradicional que ajuda a desbloquear a entrada para o futuro.

M	I	L	O	N
I	R	A	G	O
L	A	M	A	L
O	G	A	R	I
N	O	L	I	M

Outros Talismãs de Letras

As pessoas testaram diferentes tipos de talismãs de letras por milhares de anos, e essa pesquisa ainda está em andamento atualmente.

SIGILOS ALFABÉTICOS

A. O. Spare, um artista surrealista britânico da virada do século, desenvolveu um sistema simples, mas altamente eficaz, que ele denominou “sigilos alfabéticos”.

Para criar um sigilo alfabético, você precisa pensar em um objetivo ou desejo que valha a pena. Você deve ser o mais específico possível. Não é o suficiente dizer, por exemplo, "Eu quero mais dinheiro". Você deve indicar a quantia exata e a data em que deseja ter esse dinheiro em sua posse. Em vez disso, pode dizer: "Eu quero ter 5 mil dólares até o dia 10 de agosto".

Antes de prosseguir com a criação do sigilo, leve algum tempo para confirmar que sua solicitação original seja precisa. Pense a respeito do seu desejo em momentos diferentes; visualize como sua vida será após você obtê-lo. Medite sobre isso. Você pode, por exemplo, decidir que 5 mil dólares não sejam suficientes, ou talvez precise desse dinheiro em um ou dois meses antes. Depois de ter refletido sobre o assunto, você pode rever a frase do seu pedido e fazer quaisquer alterações necessárias. Pode, por exemplo, alterar seu pedido, de modo que agora ele fique assim:

"Eu quero ter sete mil dólares até o dia quatro de julho."

Escreva a frase em um pedaço de papel, certificando-se de escrever quaisquer números ou símbolos por extenso. Para o próximo passo, passamos por um processo de eliminação. A primeira letra do seu pedido é "E". Reveja a frase e observe se ela contém mais Es. Em seguida, elimine os outros Es. Na sequência, observe a segunda letra da frase, que é U. Reveja a frase e observe se ela contém mais Us. Depois, elimine os outros Us. Posteriormente, observe a terceira letra da frase, que é Q. Mais uma vez, reveja a frase e elimine quaisquer outros Qs. A frase agora ficará assim:

"Eu qro tr st mil dólars at o dia atro d jlho."

Repita isso com todas as letras, até finalizar com cada letra sendo utilizada apenas uma vez. O processo, nesse exemplo, é apresentado a seguir.

"Eu quero ter sete mil dólares até o dia quatro de julho"
"Eu quro tr st mil dólars at o dia quatro d julho"
(eliminando os Es adicionais)
"Eu qro tr st mil dólars at o dia qatro d jlho"
(eliminando os Us adicionais)
"Eu qro tr st mil dólars at o dia atro d jlho"
(eliminando o Q adicional)
"Eu qro t st mil dólas at o dia ato d jlho"
(eliminando os Rs adicionais)
"Eu qro t st mil dlas at dia at d jlh"
(eliminando os Os adicionais)
"Eu qro t s mil dlas a dia a d jlh"
(eliminando os Ts adicionais)
"Eu qro t s mil dla a dia a d jlh"
(eliminando o S adicional)
"Eu qro t s mil dla a da a d jlh"
(eliminando o I adicional)
"Eu qro t s mil da a da a d jh"
(eliminando os Ls adicionais)
"Eu qro t s mil da a a a jh"
(eliminando os Ds adicionais)
"Eu qro t s mil da jh"
(eliminando os As adicionais)

Como não existem mais letras repetidas, a nossa mensagem talismânica agora está completa.

Escreva essa mensagem em um pedaço de papel velino, eliminando quaisquer espaços entre as palavras. Não faz diferença se você escrever a mensagem em letras maiúsculas ou minúsculas. A seguir, é apresentado como a mensagem do exemplo ficará.

euqrotsmildajh

Toda vez que você olhar para essa mensagem, saberá exatamente o que ela significa, mas ela será incompreensível para qualquer outra pessoa. Quando eu faço isso, disfarço ainda mais as palavras originais organizando as letras em grupos de três. Isso significa que o talismã do exemplo ficaria assim:

euq rot smi lda jh

Você pode preferir dispor as letras em uma longa linha, dividi-las em grupos aleatórios, ou escrevê-las na ordem inversa. Um amigo meu assina seus pedidos com seu primeiro nome, que, então, é incluído no processo de redução. Ele sente que isso o torna uma parte intrínseca do processo. Não faz diferença o que você fizer com as letras, desde que a mensagem seja instantaneamente reconhecida por você, sempre a vir.

O sr. Spare sugeriu se concentrar no sigilo alfabético por alguns segundos e, depois, o esquecer, confiando que o universo realizará o desejo. Prefiro olhar para o talismã, por alguns segundos, duas ou três vezes por dia. Toda vez que o vejo, conscientemente transmito meu pedido para o universo.

8

Considerações Finais

Talismãs, amuletos e patuás têm desempenhado um papel valioso – e, em grande parte, oculto – na evolução da humanidade. O número de pessoas que eles ajudaram é incalculável. Embora algumas pessoas sintam que eles façam parte do nosso passado, esses objetos ainda têm um papel importante a desempenhar, atualmente e no futuro. Quantos indivíduos passariam por um trevo-de-quatro-folhas sem pegá-lo? Quantas pessoas possuem uma "moeda da sorte" ou outro objeto que carregam consigo? Um dia desses, conversei com um palestrante profissional que não subia ao palco sem seu lenço da sorte. Enquanto as pessoas sentirem a necessidade de ter boa sorte, proteção ou auxílio para alcançar uma meta, objetos mágicos serão requeridos.

Conhecimento e especialização nessas áreas lhe proporcionam mais poder e controle sobre sua vida. Você sentirá mais confiança nas suas habilidades ao usar patuás, amuletos e talismãs. Use-os com sabedoria, e seu progresso pela vida se tornará mais fácil, porque você utilizará e potencializará as forças universais para atrair aquilo que deseja e afastar, bem como impedir aquilo que não deseja.

Uma das coisas que admiro, especialmente em relação a objetos mágicos como esses, é que eles me dão muita liberdade. Posso utilizar meu próprio gosto para adquirir patuás e amuletos adequados, e posso usar minha própria criatividade para produzir um talismã que reflita os meus desejos e necessidades pessoais. Algo que escolho como um patuá pode não ser atrativo para você, mas será certo para mim. Da mesma forma, um amuleto que você usa pode não ser atrativo para mim, mas cumprirá sua função de proteção perfeitamente para você. A nossa própria individualidade é refletida em cada estágio.

No entanto, nem todo mundo se sente dessa maneira, e é certo que você pode se deparar com pessoas que lhe digam que os talismãs devem ser feitos no mesmo estilo usado pelos magos medievais. Se elas acreditam nisso, esses são obviamente os talismãs corretos para essas pessoas, mas eles podem não ser os corretos para você. Você está no controle da sua vida. Use sua imaginação, seu senso de beleza e toda a sua criatividade para encontrar e produzir objetos mágicos que serão perfeitos para você.

Talismãs, amuletos e patuás lhe proporcionam uma vantagem no mundo em que vivemos. Por causa disso, eles devem ser usados de forma responsável e ética. Se você os utilizar apenas para o bem, eles cuidarão de você e tornarão sua vida mais plena, mais satisfatória e muito mais recompensadora.

Apêndice A

Tabelas Planetárias e Zodiacais

Correspondências Planetárias

SOL

Signo do zodíaco: Leão.
Cores: amarelo, laranja e dourado.
Metal: ouro.
Pedras preciosas/minerais: topázio e diamante.
Árvore: carvalho.
Elemento: fogo.
Anjo: Miguel (algumas autoridades dizem que Rafael cuida dos interesses do Sol).

O Sol é associado aos seguintes aspectos: liderança, autoridade, expressão pessoal, fama, força, masculinidade, mistérios dos homens, atividades de negócios, avanço na carreira e sucesso. As horas e os dias do Sol são bons momentos para iniciar novos projetos.

LUA

Signo do zodíaco: Câncer.
Cores: branco, creme e prata.
Metal: prata.
Pedras preciosas/minerais: pedra da lua, pérola e opala.

Árvore: nogueira.
Elemento: água.
Anjo: Gabriel.

A Lua é associada às seguintes características: intuição, instinto, emoções, sensibilidade, subconsciente, ciclos, ritmos, fertilidade, crianças, feminilidade, mistérios das mulheres, lar e tudo o que for relacionado à água, como viagens ultramarinas, navegação e comércio marítimo. As horas e os dias da Lua são bons momentos para adivinhações.

MERCÚRIO

Signos do zodíaco: Gêmeos e Virgem.
Cores: amarelo, laranja e roxo.
Metais: mercúrio (azougue) e zinco (use prata quando estiver produzindo talismãs).
Pedras preciosas/minerais: ágata, opala e citrino.
Árvore: oliveira.
Elemento: ar.
Anjo: Rafael (algumas autoridades dizem que Miguel cuida dos interesses de Mercúrio).

Mercúrio é associado a: intelecto, pensamento, análise, educação, matemática, ciência, versatilidade, comunicação, expressão pessoal, viagem, negociação, comércio e cura. As horas e os dias de Mercúrio são bons momentos para aprender e se comunicar com os outros.

VÊNUS

Signos do zodíaco: Touro e Libra.
Cores: verde e rosa.
Metal: cobre.
Pedras preciosas/minerais: esmeralda e turquesa.
Árvore: murta.
Elemento: ar.
Anjo: Aniel.

Vênus é associado aos aspectos a seguir: beleza, criatividade, compaixão, amor, amizade, parcerias pessoais e de negócios, cooperação, moda, artes, recreação, bom gosto, qualidades estéticas e bem-estar financeiro. As horas e os dias de Vênus são bons momentos para assuntos que envolvem amor e amizade.

MARTE

Signos do zodíaco: Áries e Escorpião.
Cores: vermelhos fortes e vibrantes.
Metais: ferro e aço.
Pedras preciosas/minerais: rubi, heliotrópio e granada.
Árvore: azevinho.
Elemento: fogo.
Anjo: Camael.

Marte é associado às seguintes características: motivação, determinação, competição, atividades atléticas, coragem, questões legais, forças armadas, confronto, agressão, guerras, engenharia e objetos pontiagudos. As horas e os dias de Marte são bons momentos para solucionar obstáculos e dificuldades.

JÚPITER

Signos do zodíaco: Sagitário e Peixes.
Cores: azul e roxo.
Metal: estanho.
Pedras preciosas/minerais: ametista e safira.
Árvore: bétula.
Elemento: fogo.
Anjo: Zadkiel.

Júpiter associa-se a: expansão, crescimento, assuntos financeiros, prosperidade, sabedoria, dignidade, valores morais, educação, religião, espiritualidade, filosofia, bom senso e viagens longas. As horas e os dias de Júpiter são bons momentos para trabalhar quaisquer questões relacionadas à expansão e ao sucesso definitivo.

SATURNO

Signos do zodíaco: Capricórnio e Aquário.
Cores: preto, cinza e marrom-escuro.
Metais: chumbo e peltre.
Pedras preciosas/minerais: obsidiana, azeviche e quartzo fumê.
Árvore: teixo.
Elemento: terra.
Anjo: Zafiel.

Saturno é associado a: frustrações, limitações, restrições, perseverança, experiência, maturidade, morte, carma, destino, agricultura, mercado imobiliário, moralidade, responsabilidades e *status*. As horas e os dias de Saturno são bons para questões práticas que precisam ser atendidas.

Correspondências Zodiacais

ÁRIES / PRIMEIRA CASA

Glifo: ♈
Planeta: Marte.
Símbolo: carneiro.
Elemento: fogo.
Pedras preciosas: heliotrópio, ágata de fogo e diamante.
Dia: terça-feira.
Cores: escarlate e vermelho.
Metal: ferro.
Anjos: Camael, Samael e Zamael.

Os arianos são entusiasmados, perspicazes e líderes natos. Eles querem estar em primeiro lugar, e, por causa disso, frequentemente se apressam antes de primeiro pensar sobre a situação.

Áries rege a primeira casa. Ela se relaciona à pessoa que produz o talismã e seu corpo físico, seu ego, sua personalidade, seu temperamento, sua saúde e seus objetivos e aspirações.

TOURO / SEGUNDA CASA

Glifo: ♉
Planeta: Vênus.
Símbolo: touro.
Elemento: terra.
Pedras preciosas: esmeralda, lápis-lazúli, malaquita e turquesa.
Dia: sexta-feira.
Cor: rosa.
Metal: cobre.
Anjos: Anael, Aniel, Araziel e Asimodel.

Os taurinos são persistentes, pacientes, confiáveis, estáveis e cuidadosos. Eles gostam de prazeres e confortos que o dinheiro pode oferecer. São frequentemente interessados em estética e atividades criativas e obtêm êxito quando conseguem canalizar esses interesses na carreira.

Touro rege a segunda casa e se relaciona a capacidade de ganho, assuntos financeiros, investimentos e posses.

GÊMEOS / TERCEIRA CASA

Glifo: ♊
Planeta: Mercúrio.
Símbolo: gêmeos.
Elemento: ar.
Pedras preciosas: ágata, âmbar, citrino amarelo, pérola e topázio.
Dia: quarta-feira.
Cor: amarelo.
Metal: azougue.
Anjos: Ambriel, Miguel e Saraiel.

Pessoas nascidas sob o signo de Gêmeos são simpáticas, generosas, afetuosas e possuem uma mente ativa e inquieta. Elas falam bem e gostam de conversas estimulantes e engraçadas. Gêmeos é um signo de corpo gêmeo (os gêmeos), e os geminianos, muitas vezes, realizam duas ou mais atividades ao mesmo tempo.

Gêmeos rege a terceira casa, que é relacionada a questões cotidianas, relacionamentos íntimos e comunicação. Ela também se associa a viagens curtas.

CÂNCER / QUARTA CASA

Glifo: ♋
Planeta: Lua.
Símbolo: caranguejo.
Elemento: água.
Pedras preciosas: calcedônia, pedra da lua, opala branca, rubi e serpentina branca.
Dia: segunda-feira.
Cores: branco e prata.
Metais: prata, ouro branco e platina.
Anjos: Abuzhar, Muriel e Phakiel.

Os cancerianos geralmente são reservados, sensíveis e instáveis. São influenciados por acontecimentos e pessoas ao seu redor, e são facilmente magoados pelos outros. Eles mantêm um grande amor pelo lar e pela família.

Câncer rege a quarta casa, que se relaciona ao mercado imobiliário, incluindo o lar familiar. Ela também se associa a questões pessoais e privadas, bem como a finalizações de todos os tipos.

LEÃO / QUINTA CASA

Glifo: ♌
Planeta: Sol.
Símbolo: leão.
Elemento: fogo.
Pedras preciosas: cornalina vermelha, citrino, peridoto, sardônica e pedra do sol.
Dia: domingo.
Cores: laranja e dourado.
Metal: ouro.
Anjos: Rafael, Seratiel e Verchiel.

Os leoninos são ambiciosos, independentes, sinceros e geralmente são pessoas felizes. Eles gostam de ser o centro das atenções e de ser reconhecidos e admirados pelos outros.

Leão rege a quinta casa, que se relaciona a amor, romance, crianças, prazeres, esporte, passatempos e atividades criativas.

VIRGEM / SEXTA CASA

Glifo: ♍
Planeta: Mercúrio.
Símbolo: virgem.
Elemento: terra.
Pedras preciosas: safira e turmalina.
Dia: sexta-feira.
Cores: amarelos claros e azuis.
Metais: ligas.
Anjos: Hamaliel, Miguel e Schaltiel.

Os virginianos são modestos, sérios, trabalhadores, preocupados com a saúde e atenciosos. Eles gostam de método e ordem e preferem os detalhes ao panorama geral.

Virgem rege a sexta casa, que se relaciona a trabalho, carreira, saúde e serviço aos outros. Ela também se associa a animais de estimação e outros animais.

LIBRA / SÉTIMA CASA

Glifo: ♎
Planeta: Vênus.
Símbolo: balança.
Elemento: ar.
Pedras preciosas: água-marinha, quartzo, opala e safira.
Dia: quarta-feira.
Cores: azul-claro, rosa e cinza.
Metal: cobre.
Anjos: Abael, Aniel, Chadakiel, Haniel e Zuriel.

Os librianos são pessoas pacíficas, harmoniosas e agradáveis, que fazem um esforço para se entender bem com os outros. Eles são pacificadores natos e gostam de restabelecer o equilíbrio em situações difíceis.

Libra rege a sétima casa, que se relaciona a assuntos que envolvem parcerias positivas e negativas, tanto de negócios quanto pessoais. Ela também se relaciona a inimigos.

ESCORPIÃO / OITAVA CASA

Glifo: ♏
Planeta: Marte ou Plutão.
Símbolo: escorpião.
Elemento: água.
Pedras preciosas: obsidiana, opala, topázio e turmalina negra.
Dia: sábado.
Cor: vermelho-escuro.
Metal: chumbo.
Anjos: Barbiel, Barchiel, Camael, Samael, Sartzeil e Zamael.

Os escorpianos são astutos, críticos, persistentes, misteriosos e determinados. Eles possuem ambição e motivação e geralmente alcançam seus objetivos.

Escorpião rege a oitava casa, que se relaciona a finalizações e problemas de todos os tipos. Ela também se associa a ocultismo, sexo, impostos, cirurgia e dinheiro de outras pessoas.

SAGITÁRIO / NONA CASA

Glifo: ♐
Planeta: Júpiter.
Símbolo: arqueiro.
Elemento: fogo.
Pedras preciosas: fluorita roxa, magnetita e turquesa.
Dia: quinta-feira.
Cores: roxo e verde.
Metal: estanho.
Anjos: Adnachiel, Advachiel, Bethor, Saritiel, Zachariel, Zadkiel.

Os sagitarianos são animados, positivos, generosos e independentes. Eles são mentalmente (e algumas vezes fisicamente) ativos e sempre precisam de algo estimulante em vista. Apesar de frequentemente se envolverem em problemas por dizerem exatamente o que pensam, os sagitarianos costumam conseguir o que querem.

Sagitário rege a nona casa, que se relaciona a filosofia, religiões, ciência, ensino superior e viagens distantes. Ela também está envolvida com sonhos e visões.

CAPRICÓRNIO / DÉCIMA CASA

Glifo: ♑
Planeta: Saturno.
Símbolo: cabra.
Elemento: terra.
Pedras preciosas: azurita, granada, indicolita e turmalina.
Dia: sábado.
Cores: preto e marrom.
Metal: chumbo.
Anjos: Aratron, Kafziel, Orifiel e Semaqiel.

Os capricornianos são pessoas sérias, atenciosas e práticas. Eles são determinados e possuem uma enorme perseverança. Normalmente obtêm sucesso no final da vida, pois são persistentes e nunca desistem de seus objetivos. Os capricornianos muitas vezes parecem ser mais velhos do que são quando jovens, mas invertem isso e parecem ser mais jovens do que são quando mais velhos.

Capricórnio rege a décima casa, que representa reputação e posição na comunidade. Ela também se relaciona a autoestima, reconhecimento e figuras de autoridade.

AQUÁRIO / DÉCIMA PRIMEIRA CASA

Glifo: ♒
Planeta: Saturno ou Urano.
Símbolo: aguadeiro.

Elemento: ar.
Pedras preciosas: ametista, diamante e opala.
Dia: sábado.
Cores: azul e branco.
Metal: chumbo.
Anjos: Cambiel, Gambiel, Kafziel, Orifiel, Tzakmaqiel e Zafiel.

Os aquarianos são humanitaristas tolerantes e generosos. Eles são mais preocupados com a humanidade em geral do que com os indivíduos. Consequentemente, podem parecer ligeiramente desapegados. Eles costumam ter um grande interesse por assuntos psíquicos e ocultos.

Aquário rege a décima primeira casa, que se associa a atividades humanitárias e relacionamentos com os demais. Ela também se relaciona a circunstâncias que estão fora do controle, esperanças e sonhos, e amor recebido dos outros.

PEIXES / DÉCIMA SEGUNDA CASA

Glifo: ♓
Planeta: Júpiter ou Netuno.
Símbolo: dois peixes.
Elemento: água.
Pedras preciosas: heliotrópio, coral, madrepérola e pérola.
Dia: quinta-feira.
Cores: azul real, roxo e verde.
Metal: estanho.
Anjos: Barakiel, Barchiel, Vocatiel, Zachariel e Zadkiel.

Os piscianos são honestos, zelosos, emocionais e bondosos. Eles gostam de limpeza e ordem, e algumas vezes têm dificuldade para tomar decisões.

Peixes rege a décima segunda casa, que se relaciona a saúde mental, segredos, mente subconsciente, dívida cármicas, limitações e restrições. Ela também se relaciona a talentos latentes e forças ocultas.

Agrupamentos das 12 Casas

As casas podem ser agrupadas de inúmeras maneiras, mas possivelmente a divisão mais proveitosa para a criação de talismãs seja dividi-las pelos elementos de fogo, terra, ar e água. Quando você decide usar uma casa específica em um talismã, vale a pena observar as qualidades das outras casas no mesmo grupo, pois elas podem acrescentar força e poder ao seu talismã.

FOGO

As casas de fogo se relacionam à pessoa em si. O fogo é espontâneo, enérgico, entusiasta e romântico.

Primeira casa: Áries, o corpo físico.
Quinta casa: Leão, a alma.
Nona casa: Sagitário, a mente.

TERRA

As casas de terra se relacionam a lar, família e comunidade. A terra refere-se a confortos materiais, sensualidade e praticidade.

Segunda casa: Touro, posses.
Sexta casa: Virgem, trabalho, carreira.
Décima casa: Capricórnio, reconhecimento.

AR

As casas de ar se referem a outras pessoas na nossa vida. O ar gosta de se comunicar e é lógico, idealista e tolerante.

Terceira casa: Gêmeos, relações não escolhidas, como parentes e vizinhos.
Sétima casa: Libra, relações individuais, como amigos e amantes.
Décima primeira casa: Aquário, amizades mais amplas, como membros da mesma organização ou do mesmo clube.

ÁGUA

As casas de água se referem a finalizações. A água é emocional, intuitiva e facilmente influenciável por humores e desejos dos outros.

Quarta casa: Câncer, morte do corpo físico.
Oitava casa: Escorpião, libertação da alma.
Décima segunda casa: Peixes, carma.

Apêndice B

Os Sete Talismãs Famosos

TALISMÃ DO SOL

Este talismã deve ser produzido em um domingo, enquanto a Lua estiver passando pelos primeiros dez graus de Leão e estiver em um aspecto favorável tanto com o Sol quanto com Saturno.

Um círculo cercado por um pentagrama é gravado em um lado de um disco de ouro de boa qualidade. Do outro lado, uma Estrela de Salomão de seis pontas é gravada com uma cabeça humana inscrita em seu centro. Em torno dela, está o nome do anjo Miguel, inscrito em hebraico ou em um alfabeto mágico (ver apêndice E).

O talismã do Sol assegura que seu dono receba benevolência de pessoas influentes. Ele também o protege de inúmeras doenças que poderiam se provar fatais.

TALISMÃ DA LUA

O talismã da Lua deve ser produzido em uma segunda-feira, enquanto a Lua estiver passando pelos primeiros dez graus de Capricórnio ou de Virgem e estiver em bom aspecto com Saturno.

Uma forma crescente dentro de um pentagrama é gravada em um lado de um disco de prata pura. Do outro lado, um cálice cercado pelo Selo de Salomão é gravado. Ele é envolto pelo nome do anjo Gabriel, inscrito em hebraico ou em um alfabeto mágico (ver apêndice E).

O talismã da Lua protege todos os viajantes. Ele também afasta a possibilidade de uma morte violenta, bem como de morte por afogamento, epilepsia, hidropisia (edema), apoplexia e demência.

TALISMÃ DE MARTE

O talismã de Marte deve ser produzido em uma terça-feira, enquanto a Lua estiver passando pelos primeiros dez graus de Áries ou de Sagitário e estiver em bom aspecto com Marte e Saturno.

Uma espada dentro de um pentagrama é gravada em um lado de um disco de ferro de boa qualidade. A cabeça de um leão dentro de uma estrela de seis pontas é gravada no outro lado. Em volta dela, estão letras que formam o nome do anjo Camael em hebraico ou em um alfabeto mágico (ver apêndice E).

O talismã de Marte protege o usuário de seus inimigos e combate os aspectos negativos no horóscopo da pessoa, especialmente em relação a uma morte violenta. Ele também protege o usuário da possibilidade de morte em uma luta ou batalha e afasta úlceras, bem como febres e pestes.

TALISMÃ DE MERCÚRIO

O talismã de Mercúrio deve ser produzido em uma quarta-feira, enquanto a Lua estiver passando pelos primeiros dez graus de Gêmeos ou de Escorpião e estiver em bom aspecto com Mercúrio e Saturno.

O talismã é gravado em um círculo feito de uma amálgama de prata, mercúrio e peltre. Um pentagrama é gravado em um lado. Dentro do pentagrama, está um caduceu alado, com duas serpentes entrelaçadas ao seu redor. No outro lado, está o Selo de Salomão, com a cabeça de um cão dentro dele. Em volta dele, está o nome de Rafael, escrito em hebraico ou em um alfabeto mágico (ver apêndice E).

O talismã de Mercúrio é usado para atrair negócios e prosperidade. Ele protege o usuário de planos e desonestidades dos outros e provoca sonhos proféticos, quando usado na cabeça à noite.

TALISMÃ DE JÚPITER

O talismã de Júpiter deve ser produzido em uma quinta-feira, enquanto a Lua estiver passando pelos primeiros dez graus de Libra e estiver em um aspecto favorável com Júpiter e Saturno.

Uma coroa de quatro pontas dentro de um pentagrama é gravada em um lado de um disco de peltre puro. Uma cabeça de águia, no centro do Selo de Salomão, é gravada no outro lado. Em volta dela, está o nome do anjo Zadkiel, inscrito em hebraico ou em um alfabeto mágico (ver apêndice E).

O talismã de Júpiter faz o usuário aparentar benevolência, honra e simpatia aos outros. Ele atrai e recompensa ações honestas e protege o usuário de acidentes inesperados.

TALISMÃ DE VÊNUS

O talismã de Vênus deve ser produzido em uma sexta-feira, enquanto a Lua estiver passando pelos primeiros dez graus de Touro e de Virgem e estiver em bom aspecto com Vênus e Saturno.

Em um lado de um círculo de cobre puro, a letra G é inscrita no alfabeto dos magos (ver apêndice E, página 175). Ao redor dela, há um pentagrama. Uma estrela de seis pontas, com uma pomba dentro, é gravada no outro lado. O nome do anjo Haniel é gravado em hebraico ou em um alfabeto mágico (ver apêndice E) ao redor da estrela.

O talismã de Vênus atrai amor e harmonia e aprimora ainda mais os relacionamentos amorosos existentes. Ele previne contra rancor, malícia e ódio. Ele também tem o poder de transformar ódio em amor. (Para isso acontecer, o talismã precisa ser mergulhado em um copo d'água, que deve ser bebida pela pessoa que odeia o dono do talismã.)

TALISMÃ DE SATURNO

O talismã de Saturno deve ser produzido em um sábado, enquanto a Lua estiver passando pelos primeiros dez graus de Touro e de Capricórnio e estiver em bom aspecto com Saturno.

Um pentagrama que envolve uma foice é gravado em um lado de um círculo de chumbo. O outro lado apresenta a cabeça de um touro dentro de um Selo de Salomão. O nome do anjo Zafiel é gravado ao redor dele em hebraico ou em um alfabeto mágico (ver apêndice E).

O talismã de Saturno protege o usuário de uma morte violenta, bem como de inúmeras doenças, incluindo tuberculose, câncer e hidropisia (edema).

Apêndice C

Pedras de Nascimento Populares

ÁGATA

A ágata é uma variedade de quartzo que pode ser encontrada em diferentes cores. A ágata de musgo contém linhas e pontos que criam belas imagens. Os romanos acreditavam que a ágata fosse especialmente abençoada por causa dessa qualidade, e eles usavam todas as formas de ágata para fins tanto medicinais quanto talismânicos. Acreditava-se que essa pedra pudesse evitar tempestades e outros desastres naturais. Na Pérsia, considerava-se que ela potencializasse a mente e tornasse o usuário mais eloquente. A rainha Elizabeth I foi presenteada com uma grande ágata oval como um talismã, para assegurar que ela sempre tivesse pelo menos um amigo verdadeiro e fiel. A ágata é um amuleto altamente eficaz, pois ela tanto protege quanto ajuda a proporcionar equilíbrio. A ágata também pode ser segurada nas mãos para aliviar os efeitos de estresse constante.

ÁGUA-MARINHA E BERILO

A água-marinha e o berilo pertencem à mesma família. A água-marinha varia de cor, do branco ao azul brilhante, enquanto o berilo pode ser encontrado em uma variedade de verdes. No Oriente, eles sempre foram considerados como um símbolo de pureza e são frequentemente dados a noivas no dia de seu casamento, para fortalecer os laços do amor. Os romanos também acreditavam que eles ajudassem a preservar os matrimônios e tornassem o usuário mais alegre e extrovertido. Eles também elevavam a motivação e estimulavam o intelecto. Também se acreditava que a água-marinha e o berilo protegessem os marinheiros e todos os que viajavam para lugares distantes. Ambos proporcionam tranquilidade e restauram a alma.

AMETISTA

A ametista era usada pelos antigos para neutralizar os efeitos do excesso de álcool. Os soldados egípcios usavam-na como amuleto para obter coragem e vencer seus inimigos. A ametista também era chamada de "pedra do bispo", e acreditava-se que rosários feitos dela eliminavam o estresse e a tensão. Na Idade Média, amuletos de ametista eram usados para afastar problemas nos negócios e proporcionar aos usuários uma sensação de calma ao enfrentar situações difíceis. A ametista possui propriedades de cura e potencializa a intuição.

CITRINO

O citrino é um membro da família dos quartzos e é usado para aprimorar a comunicação. Ele também auxilia no pensamento e na tomada de decisões. Consequentemente, apesar de ele poder ser usado, algumas vezes é melhor deixar um citrino repousado sobre uma mesa ou bancada onde você trabalha.

DIAMANTE

O diamante sempre foi a pedra mais popular, por causa de sua beleza e de seu poder. As pessoas eram fascinadas pelo fato de ele poder cortar tudo, mas não poder ser cortado. Os romanos usavam-no no braço esquerdo, acreditando que seu toque os tonaria corajosos e poderosos.[78] A rainha Elizabeth I ganhou um diamante para protegê-la da peste, e ela o usava em seu peito. Napoleão tinha o famoso diamante

78. William Thomas e Kate Pavitt, *The Book of Talismans, Amulets and Zodiacal Gems*, 3. ed. (1914; reimpr., Kila, MT: Kessinger Publishing Company, n.d.), p. 141.

Regente incrustado no punho de sua espada. Como essa pedra causou tanta miséria e infelicidade para seus donos anteriores, é surpreendente que ele a tenha escolhido como um talismã.

Diamantes pequenos são considerados mais afortunados do que diamantes grandes, que criam ansiedade e estresse.

ESMERALDA

A esmeralda sempre foi muito estimada, por causa de sua cor verde brilhante. Os romanos acreditavam que ela podia restaurar uma visão deficiente. Eles também acreditavam que as esmeraldas mudavam de cor quando estavam na presença de falsidade e desonestidade. Acredita-se que ela fortaleça a memória e ofereça conhecimento sobre acontecimentos futuros. A esmeralda pertence a Vênus, o que a torna uma pedra preciosa do amor. Ela aumenta os sentimentos entre duas pessoas que realmente se amam, mas também pode romper relacionamentos que são inconstantes.

GRANADA

As granadas são populares como amuletos e talismãs há milhares de anos, e muitos exemplos de granadas esculpidas podem ser encontrados em museus no mundo todo. Na Índia e no Oriente Médio, a granada era comumente usada como um amuleto para proteger o usuário de raios, veneno e peste. Na Idade Média, as pessoas usavam-na para ficarem mais alegres e se tornarem mais atraentes para os outros. Acreditava-se que a granada mudasse de cor quando seu dono estivesse em perigo.

HELIOTRÓPIO

A lenda diz que o heliotrópio remonta à Crucificação. Depois que o soldado perfurou Jesus com uma lança, para ver se ele ainda estava vivo, gotas de sangue caíram sobre um jaspe verde no chão. O sangue imediatamente permeou a pedra, criando o primeiro heliotrópio. Esse pode ser um dos motivos pelos quais os soldados carregavam heliotrópios para cauterizar feridas.

O heliotrópio era usado pelos gregos e romanos antigos para atrair favores de pessoas importantes e para afastar criaturas venenosas. Os atletas usavam-no como um talismã para obter sucesso. O heliotrópio estimula e potencializa a força e a coragem.

JADE

Jade é uma pedra dura que varia de cor, do branco ao verde. Sempre foi um amuleto popular na Ásia, onde é utilizado para proteger o usuário de danos e efeitos da feitiçaria. Gregos e romanos acreditavam que o jaspe os protegia da epilepsia, bem como de problemas oculares, estomacais e renais. O jade também é conhecido como nefrita, que deriva de uma palavra grega que significa "rim". Curiosamente, quando o explorador espanhol Pizarro conquistou o México, ele descobriu que os nativos usavam jade para ajudar a tratar problemas renais. *Sir* Walter Raleigh soube que as pessoas na Guiana também usavam o jade para auxiliar em problemas estomacais e renais.[79] Na Nova Zelândia, o povo maori nativo considera o jade uma herança sagrada que incorpora todas as qualidades de seus ancestrais. Consequentemente, quando um homem morre, seu precioso jade é passado para seu filho. O jade fortalece a amizade, e dizem que ele garante uma vida longa, saudável e compensadora.

LÁPIS-LAZÚLI

O lápis-lazúli é uma pedra opaca de um azul intenso, que tem sido usada como um talismã por milhares de anos. Egípcios, gregos e romanos criaram talismãs feitos com ele. Um colar de lápis-lazúli era usado para tornar crianças tímidas mais confiantes. Ele também era considerado para aliviar a melancolia, garantir boas amizades e proporcionar sucesso no amor. O lápis-lazúli estimula a consciência espiritual, a honestidade e o desenvolvimento da sabedoria.

MALAQUITA

A malaquita era usada como um amuleto, no Oriente, para prevenir o reumatismo. Os romanos acreditavam que ela garantia um sono

79. *Ibid.*, p. 210.

profundo, enquanto, ao mesmo tempo, atraía uma boa saúde, um relacionamento estável e sucesso financeiro. Na Idade Média, ela geralmente era gravada com um símbolo do Sol, para garantir boa saúde e uma atitude positiva em relação à vida. A malaquita tranquiliza e acalma, e ajuda a criar paz interior e contentamento.

ÔNIX

Acredita-se que o ônix, especialmente o ônix preto, reforce a fé. Consequentemente, ele sempre foi uma pedra popular para rosários. Acredita-se também que o ônix diminua a cólera e previna ataques e convulsões.

OPALA

A opala é um tipo de quartzo delicado, que é venerado por milhares de anos, porque apresenta todas as cores do arco-íris. As opalas são sensíveis às condições atmosféricas e revelam suas melhores cores quando estão aquecidas, secas e são usadas por seus donos. Na Grécia Antiga, as pessoas acreditavam que as opalas proporcionassem clarividência, contanto que esse talento não fosse usado para ganho pessoal. No século XIV, a opala era usada como um talismã para potencializar a visão e como um amuleto para evitar o mau-olhado. Apesar de *Sir* Walter Scott ter considerado que a opala fosse uma pedra negativa em seu romance *Anne of Geierstein*, ela é uma pedra muito positiva e sensível, que estimula percepções intuitivas.

PEDRA DA LUA

A pedra da lua é uma forma de feldspato. Ela é relacionada à Lua, porque a sua cor azul suave lembrava as pessoas da luz do luar. A pedra da lua auxilia a reconciliar amantes e garante boa sorte no amor. Ela é usada para proteger o usuário quando ele viaja e ajuda a proporcionar uma boa saúde.

PERIDOTO

A palavra "peridoto" significa "pedra preciosa" em árabe, e, em uma época, o peridoto foi considerado mais valioso do que o diamante. Os romanos usavam-no como amuleto, para se protegerem da melancolia e de encantamentos. Na Idade Média, ele foi usado para proporcionar conhecimento prévio sobre acontecimentos futuros. O peridoto afasta a inveja, a negatividade e a depressão.

PÉROLA

A pérola é a única pedra preciosa originada de um organismo vivo. As pérolas são emblemas da feminilidade e da pureza. Como as pérolas se assemelham a lágrimas, elas foram consideradas, em uma época, desafortunadas para os indivíduos apaixonados. Algumas pessoas ainda acreditam nisso atualmente. As pessoas que trabalhavam no mar usavam as pérolas como um amuleto para serem protegidas contra tubarões. A pérola restaura a harmonia, bem como incentiva o usuário a superar a oposição e a criar a vida que ele sonhou viver.

RUBI

O rubi sempre foi considerado a pedra mais importante e poderosa. Ele era usado no Oriente como um talismã que concedia saúde, felicidade e longevidade. Os caldeus pensavam que ele os protegia do mal. Os romanos acreditavam que ele afastava os maus pensamentos e promovia justiça, honestidade e equidade. Como a granada, supunha-se que o rubi mudasse de cor no primeiro sinal de perigo. O rubi simboliza abundância, sucesso e amor eterno. Ele energiza tanto o coração quanto a alma.

SAFIRA

Os budistas consideram a safira a "Pedra das Pedras" e acreditam que ela concede paz e contentamento a seus usuários, contanto que eles levem uma vida boa e digna. A safira sempre foi uma das pedras coloridas mais valorizadas. Acreditava-se que ela preservasse a castidade e protegesse o usuário de diversas doenças. Ela também protegia o usuário dos efeitos da magia negra.

A esposa do imperador Carlos Magno tinha um talismã poderoso feito de duas safiras e um pequeno pedaço da cruz de Jesus. Ele era destinado a manter seu marido fiel e constante. Esse talismã fez isso de forma tão eficaz que, até mesmo depois que ela morreu, Carlos Magno recusou que sua esposa fosse enterrada, até que seu confessor finalmente removeu o talismã do corpo dela.

A safira estimula seus usuários a terem sonhos ambiciosos e, depois, alcançá-los.

SARDÔNICA

A sardônica é uma pedra marrom-avermelhada que contém faixas lisas paralelas em vermelho, marrom e branco. Ela tem uma superfície lisa e dura, que lhe permite ser esculpida. Por causa disso, os romanos esculpiam figuras, como Marte ou Hércules, na camada superior, e as colocavam em relevo contra a camada mais escura embaixo. Pedras decoradas dessa forma eram usadas como talismãs, para se obter força, coragem e bravura. A sardônica era popular porque se acreditava que ela concedesse ao usuário autocontrole, atraísse amigos, assegurasse felicidade no amor conjugal e tornasse a pessoa agradável aos outros.

TOPÁZIO

O topázio foi denominado "pedra da força" por Plínio, o Velho, e acreditava-se que ele protegesse o usuário dos perigos das viagens, bem como de queimaduras e escaldões. Na Idade Média, ele era colocado em ouro e usado como um amuleto, para dissipar encantamentos. Ele também era considerado para curar a asma e a insônia. O topázio reduz o estresse e acalma os nervos.

TURMALINA

A turmalina era usada como um talismã para atrair amigos, garantir favores e ajudar a oferecer boas ideias. Ela estimula a comunicação e o acordo, e permite que as pessoas discutam assuntos difíceis em um espírito de cooperação e harmonia. Ela também é a pedra do perdão e incentiva o usuário a perdoar a si mesmo, assim como aos outros. Consequentemente, às vezes ela é denominada "pedra da paz".

TURQUESA

A turquesa tem sido usada em amuletos mais frequentemente do que qualquer outra pedra. Isso se deve, em parte, por causa de sua beleza, porém, mais ainda em razão das propriedades místicas que ela contém. Acredita-se que ela atraia para si quaisquer negatividades que ameacem seu usuário. Na Idade Média, as pessoas achavam que ela podia prevenir dores de cabeça, eliminar o ódio e, além disso, mudar de cor quando seu dono estivesse doente ou em perigo. O Pueblo do Novo México considerava a turquesa uma pedra sagrada, e, em uma época, ela só podia ser usada por homens. A turquesa simboliza sucesso e contentamento.

ZIRCÃO

O zircão tem sido usado como um talismã por milhares de anos. Na Índia, ele ainda é utilizado para atrair honra, sucesso, riqueza e sabedoria. Na Idade Média, acreditava-se que ele estimulasse o apetite e ajudasse na digestão, bem como protegesse o usuário de diversas doenças.

Apêndice D

Iantras Adicionais

IANTRA PARA TER SUCESSO NOS NEGÓCIOS E NA CARREIRA

Este quadrado mágico de iantra pode ser usado para obter mais negócios ou conseguir uma promoção no trabalho. Ele deve ser produzido em uma terça-feira e ser utilizado da mesma forma que os outros iantras.

1	14	11	8
12	7	2	13
6	9	16	3
15	4	5	10

IANTRA PARA CONSEGUIR TRABALHO

Se atualmente você estiver sem trabalho ou à procura de um novo posto, este iantra deve ser produzido e carregado com você até encontrar um emprego. Ele pode ser produzido em qualquer momento.

9	16	5	4
7	2	11	14
12	13	8	1
6	3	10	15

IANTRA PARA OBTER FAMA E SUCESSO

Este iantra pode ser usado se você deseja obter mais reconhecimento na comunidade ou se tornar famoso. Ele deve ser produzido no primeiro domingo de qualquer mês.

8	4	7	1
6	2	7	5
3	9	2	6
3	5	4	8

IANTRA PARA OBTER RIQUEZA E ABUNDÂNCIA

Este iantra pode ser usado se você deseja se tornar rico. Ele deve ser produzido em uma quinta-feira. Você deve olhar para ele durante 60 segundos todas as manhãs, assim que acordar, e, depois, novamente durante o dia, e de novo imediatamente antes de ir para a cama.

2	9	2	7
6	3	6	5
8	3	8	1
4	5	4	7

IANTRA PARA OBTER RESPEITO

Este iantra deve ser criado e carregado com você se deseja ser mais respeitado ou estimado pelos outros.

56	63	2	7
6	3	60	59
62	57	8	1
4	5	58	61

IANTRA PARA TER BOA SAÚDE

Este iantra deve ser produzido e carregado com você sempre que estiver se sentindo indisposto. Ele pode ser produzido em qualquer momento.

2	9	2	7
6	3	6	5
8	3	8	1
4	5	4	7

IANTRA DE PROTEÇÃO PARA O LAR

Este iantra elimina discussões e discórdias; também proporciona harmonia e paz no lar. Ele deve ser produzido na cozinha da casa, em alguma noite, e colocado em um lugar da cozinha onde possa ser visto.

36	29	34
31	33	35
32	37	30

IANTRA PARA COMBATER O MAU-OLHADO

O mau-olhado também é conhecido na Índia, e, nesse país, existe um iantra que pode ser usado para afastar e remover os efeitos negativos desse mau presságio. Você perceberá que este iantra não é um quadrado mágico perfeito (há repetição de número) e que os números parecem estar dispostos de forma aleatória. Cada número foi cuidadosamente selecionado e posicionado, de acordo com a numerologia, a fim de criar o poder máximo do talismã.

72	81	33	42
98	82	9	11
25	37	49	50
45	27	9	1

Apêndice E

Alfabetos Mágicos

Alfabeto Tebano

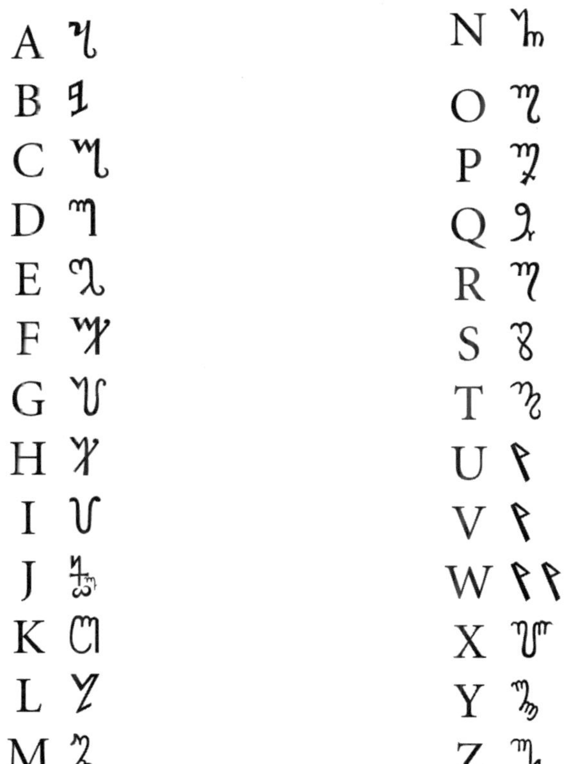

Alfabeto dos Magos

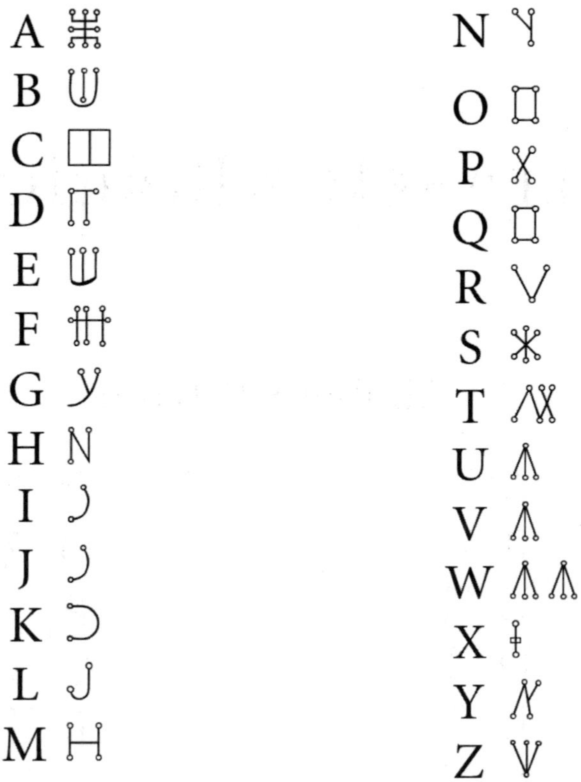

Observação: Também conhecido como Malachim.

Apêndice F

Leituras Sugeridas

AGRIPPA DE NETTESHEIM, Henrique Cornélio. *Três Livros de Filosofia Oculta*. Compilação e notas: Donald Tyson. São Paulo: Madras Editora, 2000.

ANDREWS, Carol. *Amulets of Ancient Egypt*. London: British Museum Press, 1994.

BARRETT, Francis. *The Magus*. London: Lackington, Allen, and Co., 1801. Reimpressão, Wellingborough, UK: Aquarian Press, 1989.

BRIER, Bob. *Ancient Egyptian Magic*. New York: William Morrow, 1981.

BROWN, Richard S. *Ancient Astrological Gemstones and Talismans*. Bangkok, Thailand: A.G.T., 1995.

BUDGE, E. A. Wallis. *Amulets and Superstitions*. London: Oxford University Press, 1930.

FARRELL, Nick. *Making Talismans: Living Entities of Power*. St. Paul, MN: Llewellyn Publications, 2001.

GONZÁLEZ-WIPPLER. *The Complete Book of Amulets and Talismans*. St. Paul, MN: Llewellyn Publications, 1991.

GOODMAN, Frederick. *Magic Symbols*. London: Brian Trodd Publishing House, 1989.

HARRIS, Eleanor L. *Ancient Egyptian Divination and Magic*. York Beach, ME: Samuel Weiser, 1998.

HARTFORD, Bob. *The Pocket Encyclopedia of Lucky Charms*. Surry Hills, Australia: Page Publications, n.d.

HOLBECHE, Soozi. *The Power of Gems and Crystals*. London: Judy Piatkus, 1989.

KEYTE, Geoffrey. *The Healing Crystal*. London: Blandford Press, 1989.

KÜNTZ, Darcy (ed.). *The Black Pullet*. Edmonds, WA: Holmes Publishing Group, 1999. Publicado pela primeira vez em 1880.

KUNZ, George Frederick. *The Curious Lore of Precious Stones*. Philadelphia, PA: J. B. Lippincott Company, 1913.

LIPPMAN, Deborah; COLIN, Paul. *How to Make Amulets, Charms and Talismans*. New York: M. Evans, 1974.

LOGAN, Jo. *The Prediction Book of Amulets and Talismans*. Poole, UK: Javelin Books, 1986.

NELSON, Felicitas H. *Talismans and Amulets of the World*. New York: Sterling Publishing, 2000.

OPHIEL. *The Art and Practice of Talismanic Magic*. York Beach, ME: Samuel Weiser, 1979.

PAJEON, Kala; PAJEON, Ketz. *The Talisman Magic Workbook*. New York: Citadel Press, 1993.

PELTON, Robert. *Voodoo Charms and Talismans*. Plainview, NY: Original Publications, 1997.

REGARDIE, Israel. *How to Make and Use Talismans*. New York: Samuel Weiser, 1972.

SCHOUTEN, Dr. J. *The Pentagram as a Medical Symbol*. Nieuwkoop, Netherlands: De Graaf, 1968.

SKELTON, Robin. *The Magical Practice of Talismans*. Victoria, Canada: Beach Holme, 1991.

SMITH, G. F. Herbert. *Gemstones*. London: Methuen, 1912.

SOROR A. L. *Western Mandalas of Transformation*. St. Paul, MN: Llewellyn Publications, 1995.

THOMAS, William; PAVITT, Kate. *The Book of Talismans, Amulets and Zodiacal Gems*. Reimpressão, Edmonds, WA: Holmes Publishing Group, n.d.

THOMPSON, C. J. S. *Amulets, Talismans and Charms*. Reimpressão, Edmonds, WA: Holmes Publishing Group, n.d.

VINCI, Leo. *Talismans, Amulets and Charms*. London: Regency Press, 1977.

WEINSTEIN, Michael. *The World of Jewel Stones*. London: Sir Isaac Pitman and Sons, 1959.

WHITCOMB, Bill. *The Magician's Reflection*. St. Paul, MN: Llewellyn Publications, 1999.

Índice Remissivo

G

H

I

J

Q

R